AISLAMIENTO

TRATANDO CON EL PROBLEMA BASICO DEL HOMBRE

Autor

Carroll Thompson

Traducción

Gloria Vázquez

AISLAMIENTO:

Tratando con el Problema Básico del Hombre

Derechos de Autor © 1994 por Carroll Thompson Derechos Reservados. Ninguna parte de este libro puede ser reproducida en ninguna forma, a excepción de citas cortas, sin permiso por escrito de la editorial:

Editorial CTM
P. O. Box 763954
Dallas, Texas, 75376-3954

La mayoría de las citas bíblicas han sido tomadas de la Biblia <u>Nueva Versión Internacional.</u>

Dedicado a:

Thomas Parnell Mahoney

*Un hombre de Dios
que ha seguido al Señor
con todo su corazón.*

CONTENIDO

PREFACIO 7
CAPITULO UNO 9
  Una Sociedad en Problemas 9
CAPITULO DOS 17
  Culpa, Vergüenza y Miedo 17
    El Patrón de la Culpa 18
    Tratando con la Desnudez 21
    Libre De La Culpa 23
CAPITULO TRES 27
  Hostilidad 27
    Sin Paz 28
    La Fraternidad Rechazada 29
    Un Llamado al Amor 31
    Llamado a la Unidad 33
CAPITULO CUATRO 35
  Amargura y Falta de Perdón 35
    Dolor 36
    Amargura 38
    Perdón 40
CAPITULO CINCO 41
  Aislamiento 41
    Cuando el Hombre Rechaza la Fraternidad 43
    Los Errantes de los Días Modernos 46
    Conducta Adictiva 48
CAPITULO SEIS 55
  El Ejecutante 55
    El Reino del Yo 58
    Conducta Adictiva 62
    La Máquina 64
CAPITULO SIETE 67
  El Desorden 67
    El Aislamiento de los Corazones de los Padres 70

La Naturaleza de la Rebelión 72
Una forma de vida 75
CAPITULO OCHO 79
Un Hombre Justo 79
Un Corazón de Padre 80
CAPITULO NUEVE 87
Dios el Padre 87
El Espíritu de Hijo 90
Sin Aislamiento 95
CAPITULO DIEZ 97
Como una Zarza en el Desierto 97
La Hostilidad 101
El Aislamiento 103
Guía de Estudio y Discusión 107

PREFACIO

En los siguientes capítulos el tema de aislamiento está visto en tres áreas: el hombre separado de Dios, el hombre separado del hombre y el hombre separado de sí mismo. El alcance de los problemas del hombre se cubrirán conforme sigamos al hombre a través de las fases del aislamiento. Observaremos los cambios de conducta comenzando en el Jardín, y seguiremos estos patrones de conducta encontrados en Adán y sus descendientes. Estos patrones se encuentran en el hombre hoy en día. Algunos de estos los podrás reconocer en sí mismo. Estará compartiendo más de veinte años de ministerio en estas áreas. Lo práctico así como lo teórico será expuesto en un lenguaje Bíblico sencillo y entendible. Creo que muchos encontrarán sanidad y libertad conforme lean las páginas de este libro. El Espíritu de Dios estará presente en Su Palabra como una espada de dos filos que cortará y sanará. No temas en permitirle al Espíritu de Dios que entre en las profundidades de tu ser. El propósito de este libro es traer sanidad y libertad a cada persona que lo lea.

Sugiero que busques al final del libro después de leer cada capítulo y sigas los pasos de la aplicación práctica para cada capítulo. Esto puede ser una experiencia significativa para tí. Posiblemente se podría formar un grupo de estudio en el hogar para discutir y orar conforme trabajes a través de estas verdades.

CAPITULO UNO

Una Sociedad en Problemas

En el pasado el pueblo de los Innuit de la región Ártica nos ha fascinado por su habilidad de vivir en tierras congeladas desperdiciadas. Sin el apoyo exterior han podido arreglárselas con los pocos recursos de su medio ambiente para sobrevivir las circunstancias más difíciles del fío. Sostuvieron a sus familias en el aislamiento. Constantemente mudándose, constantemente buscaron recursos de comida, vencieron la región más desoladora de nieve y hielo del mundo.

Cuando el gobierno cambió a la gente a aldeas y los domesticaron, muchos no pudieron enfrentar la vida. En una comunidad de 1,500 personas, los investigadores encontraron que cada adulto había contemplado el suicidio, una de cada dos personas lo habían intentado de una forma u otra y casi un cuarto de la población habían intentado suicidarse el año anterior. Noventa y cinco por ciento de los adultos sufrieron de alcoholismo y diez por ciento de los niños eran inhaladores de gasolina.

¿Qué sucedía con estas personas invencibles del Norte? ¿Qué pasó cuando estaban aislados de su propia cultura? Sostenidos por subsidios del gobierno ya no tenían que luchar por sobrevivir. El gobierno les proveyó de hogares, escuelas y medicina. Sin embargo la mayoría de estas personas experimentan desánimo y falta de esperanza llevándolos a una conducta de auto destrucción. Se convirtieron en extranjeros o aislados dentro de otra cultura y algo dentro de ellos había muerto.

El mismo problema de desánimo y falta de esperanza es un fenómeno del siglo veinte. La gente se ha aislado dentro de su propia cultura. Los problemas de depresión y soledad además de un sentido de futilidad y vacío han causado que muchos de esta generación se entreguen a las drogas y busquen el suicidio como una vía de escape. Muchos se encuentran perdidos en el aislamiento y en la nada. Han pasado a ser extranjeros o aislados dentro de su cultura.

Un ejemplo de estos extranjeros de los días modernos son las pandillas que gobiernan dentro de las ciudades. Forman grupos aislados que atacan y destruyen comunidades existentes. Atribuyen su dolor a la cultura presente, atacan y destruyen para ser libres. La violencia se convierte en la manera de escaparse. Con disturbios, robos y fuego estallan en contra de la cultura que los ha llenado de dolor. Las ciudades de esta nación están también llenas de drogas y depravación, siendo ambas cosas una evidencia clara de separación dentro de nuestra propia sociedad.

El aislamiento no es solo un problema de los pobres, sino que ha entrado en medio de la riqueza y la influencia. Con oportunidades que sobrepasan todo en la historia del hombre, con la tecnología que

CAPITULO UNO – Una Sociedad en Problemas

trae todo tipo de entretenimiento, comodidad y seguridad, una generación se ha separado de un patrón de vida normal. El abuso de las drogas, la inmoralidad, la violencia y el suicidio indican que una generación ha perdido su camino. ¿Qué ha sucedido para causar este estado trágico?

El aislamiento del alma humana es el dolor más profundo que el hombre pueda experimentar. En el aislamiento el hombre experimenta el aislamiento, lo que es el dolor de la muerte. El abuso de las drogas, la explotación sexual y el suicidio son señales de una generación que está tratando de escaparse del aislamiento. La adicción a las drogas es una manera de escaparse del dolor por dentro. El tema de la muerte está primero en gran parte de la música de estos días; los símbolos de muerte sobre la ropa expresan una desesperación con respecto a la vida. ¿Qué a llevado a una generación moderna al punto de la desesperación?

Todas las estructuras que dan apoyo en la vida se han deteriorado dentro de nuestra sociedad. Las termitas han invadido el edificio y han destruido parte de la estructura. Básicamente existen tres subestructuras de la sociedad; la familia, la iglesia y el gobierno civil. Estas tres proveen una cobertura protectora a donde la vida crece. Uno podrá describirlas como un capullo a donde la larva de un insecto da vueltas para poderse proteger durante el estado de pupa. La vida es frágil; debe ser protegida.

AISLAMIENTO: Tratando con el Problema Básico del Hombre

El deterioro de la familia ha expuesto a toda una generación hacia el aislamiento. El divorcio y las relaciones rotas han roto el capullo de la familia. Alguien ha dicho que durante los años cincuentas, siete de diez familias eran normales con ambos padres originales; hoy en día la verdad está a la inversa, siete de cada diez familias no tienen a los padres originales. Cuando el divorcio entra el capullo se rompe. Un individuo que no se ha desarrollado es expuesto a una crisis en la que él emocionalmente no está listo para enfrentar. El miedo y la inseguridad entran en él; él asume la responsabilidad por el fracaso y la vida se vuelve una experiencia dolorosa de pérdida, desilusión y rechazo. La puerta ha sido abierta para el aislamiento.

La necesidad de comunidad y unidad es profunda dentro del hombre. El rompimiento de la comunidad dentro y fuera de la iglesia ha dejado a muchos en aislamiento. No hay nada más doloroso que el sentirse aislado en medio de la gente. En vez de ser un cuerpo de sanidad, la iglesia ha llegado a ser, en gran parte, una organización que vive para sí misma. La falta de asistencia en la iglesia revela que la iglesia normal ya no es relevante como una estructura en la sociedad. Gran parte de la sociedad ya no se relaciona con Dios como un Ser personal que se preocupa por su bienestar. Los ministros han desilusionado y explotado a la gente, y los han ahuyentado fuera. El individuo ha perdido otra capa de protección del capullo y enfrenta la vida sin propósito y significado. Considera a Dios,

CAPITULO UNO – Una Sociedad en Problemas

Quién ha sido siempre la fuerza para aquellos que pasan por crisis, como un Dios lejano y desconsiderado; entonces el aislamiento entra a su alma humana. La persona está sola.

El aislamiento continúa conforme la sociedad pierde la fe en sus instituciones. La confianza en oficiales gubernamentales está a un bajo nivel. El cinismo ha entrado. El escándalo de Watergate ha dejado a la nación en desconfianza. Con el incremento de problemas complejos en la sociedad, el gobierno está enfrentando problemas que van más allá de cualquier otra cosa en el pasado. Estos problemas llegan cuando la confianza pública en el gobierno está de bajada. La estructura para aplicar la ley y el sistema judicial están bajo presión para ejecutar y mantener el orden durante un tiempo de violencia crimen y conflicto racial. Los tribunales y cárceles están saturadas de violadores sociales. La inseguridad y el desempleo en el trabajo hablan de cambios radicales que las empresas han iniciado sin un contrato social con sus trabajadores. Los estadistas han estimado que la mitad de la fuerza de trabajo será temporal para el año 2000. Varios grupos conflictivos, clamando sus derechos, han traído confusión a la tierra. La moralidad, el conflicto entre grupos racistas, el feminismo que batalla con la imagen masculina, hablan de una sociedad que lucha con identificarse a sí misma. Esta falta de identidad y cohesión hablan de una estructura social que se está rompiendo. La desesperanza y el aislamiento llena el alma de un individuo. Sin la cobertura protectora de un gobierno justo, el individuo se siente expuesto e inseguro acerca del mundo en el que vive.

Cuando una persona se siente expuesta y desnuda, el temor y la ansiedad llegan sobre él. Esta ansiedad lo impulsa a un aislamiento mayor. Temeroso del mundo exterior, construye paredes de protección. Estas paredes pueden ser tan altas y gruesas, difíciles de atravesar. Dentro de ellas se encuentra un individuo inseguro, separado de la sociedad. En el aislamiento llega a ser introvertido y se auto-orienta. Busca que el entretenimiento llene su vacío. La realidad se ha perdido. La vida llega a ser una experiencia sustituida dentro de un mundo de entretenimiento. Probablemente el individuo quiera tomar control sobre su vida, pero el miedo lo aleja de intentarlo. Escoge la forma sin dolor, no comprometerse. El aislamiento puede alcanzar el punto que uno toma como modo de supervivencia de vivir para el momento, agarrándose, estrechándose y colgándose a cualquier cosa que complazca su alma y satisfaga la carne. La vida entonces pierde todo su propósito y significado. Eventualmente la muerte pasa a ser la forma contemplada para escapar del dolor del vacío. El aislamiento ha terminado su curso. Siempre termina en muerte.

El aislamiento es más que un problema de la sociedad; es un problema dentro del hombre mismo. aquí es a donde este libro tendrá su enfoque. Veremos el aislamiento desde tres perspectivas: el hombre separado de Dios, el hombre separado del

CAPITULO UNO – Una Sociedad en Problemas

hombre y el hombre separado de sí mismo. aquí veremos el trabajo completo del aislamiento en todos los aspectos del ser del hombre.

CAPITULO DOS

Culpa, Vergüenza y Miedo

Una mujer joven salió del hospital psiquiátrico atormentada por la culpa y la vergüenza. Las marcas de las cortadas sobre sus muñecas mostraban lo profundo de su culpa. Pensamientos de suicidio constantemente bombardeaban su mente. Los más de tres años de hospitalización no quitaron el dolor. La culpa era tan profunda que le era imposible admitirse a ella misma la causa de la culpa. Había sufrido de depresión profunda desde el comienzo de su pubertad. ¿Por qué estaba tan atormentada? ¿Qué rehusaba recordar?

La culpa, la vergüenza y el miedo son las primeras obras de la muerte y salen del aislamiento. Todo esto comenzó en el Jardín cuando el hombre fue separado de Dios. "Y le dio este mandato: 'Puedes comer de todos los árboles del jardín, pero del árbol de conocimiento del bien y del mal no deberás comer. El día que de Él comas, ciertamente morirás.' " (Génesis 2:16,17). La trasgresión del hombre trajo la muerte. La muerte que el hombre experimentó fue la separación y la conducta del hombre cambió inmediatamente.

Hasta ese día, el hombre había estado libre; no conocía el miedo. Era libre de acercarse a Dios, libre para convivir con otro sin vergüenza, libre para comunicar sus sentimientos y pensamientos más íntimos, libre de relacionarse sin cohibirse, libre de ser Él mismo sin temor al rechazo. Hasta el día que el hombre experimentó la muerte de la separación, el era libre del miedo.

El día que el hombre transgredió y rompió el pacto con Dios, pasó a ser una criatura que se escondía y se cubría. "En ese momento se les abrieron los ojos, y tomaron conciencia de su desnudez. Por eso, para cubrirse entretejieron hojas de higuera. Cuando el día comenzó a refrescar, oyeron el hombre y la mujer que Dios andaba recorriendo el jardín, entonces corrieron a esconderse entre los árboles, para que Dios no los viera. Pero Dios el Señor llamó al hombre y le dijo: ¿Dónde estás? El hombre contestó: Escuché que andabas por el jardín, y tuve miedo porque estoy desnudo. Por eso me escondí." (Génesis 3:7-10).

Estas tres declaraciones expresan el efecto inmediato de la separación del hombre: "Tuve miedo...Estoy desnudo...Me escondí." Por primera vez el hombre experimentó la culpa, la vergüenza y el miedo. La primera respuesta fue distanciarse y cubrirse. aquí vemos el principio del aislamiento. No siendo capaz de ser transparente, temeroso de acercarse demasiado el hombre ha tomado la conducta de esconderse y cubrirse desde entonces.

El Patrón de la Culpa

Siguiendo el patrón del primer hombre Quién puso la culpa sobre la mujer, el hombre aún trata de mantener la inocencia a través de la negación y

CAPITULO DOS – Culpa, Vergüenza y Miedo

culpar a otros. Primero, una manera de negación viene minimizando un hecho o ignorando las consecuencias. El hombre trata de convencerse que el hecho no estuvo tan mal después de todo; es normal. Maneja sus intenciones como buenas. Rechaza las reglas que desaprueben su comportamiento. Saca un nuevo orden para darse más libertad. Segundo, culpa s otro. Adán culpó a la mujer, y la mujer culpó a la serpiente. El hombre rehúsa aceptar su responsabilidad; a cualquier costo debe mantener su inocencia. A través de la negación y culpando a otros el hombre natural maneja su culpa.

Aceptar la responsabilidad de la culpa trae al hombre a un proceso de comparación. El enfoque de atención está sobre otros. El encontrar pecado en otros lo ayuda a aliviar su propia culpa. Un proceso mental de comparación constante. No está buscando lo bueno sino el pecado y el fracaso en otros. Cada descubrimiento le causa sentirse mejor de sí mismo. Y así la búsqueda continúa.

Entonces comienza el proceso mental de balancear el legado moral. Por cada crédito debe haber un débito; los libros deben balancearse. Si puede hacer el bien para balancear lo malo, la consciencia encuentra descanso. Así que está constantemente buscando de alguna manera hacer el bien. Es un proceso de remover la culpa por medio de la justicia propia.

La culpa es más que un problema mental o psicológico. Tiene raíces espirituales profundas. Involucra el problema de la maldad. El día que él experimentó la muerte de la separación, el hombre también experimentó la entrada de la maldad. El efecto de la maldad sobre el alma del hombre va más allá de la percepción de la mente o de la respuesta de las emociones.

¿Qué le hace la maldad al alma del hombre? Primero la maldad destruyó la inocencia, "sus ojos fueron abiertos". Cuando perdió la inocencia, el hombre experimentó un sentido de desnudez. Este conocimiento de sí mismo vino con un sentido de vergüenza. Causó una reacción inmediata de cubrirse y esconderse. La vergüenza entonces pasó a ser el problema básico para el hombre. Algunas de las raíces profundas de la vergüenza y la culpa vienen después de haber experimentado la maldad en tiempo de inocencia. Este problema nos es primero evidente en los niños, pero el fruto de la vergüenza y la culpa saldrán después.

La mujer joven al principio de este capítulo estaba cargando sentimientos profundos de culpa, vergüenza y miedo. Había rehusado recordar que su padre la había abusado sexualmente cuando tenía cuatro años de edad. Cuando alcanzó la pubertad, era incapaz de aceptar el desarrollo de su cuerpo convirtiéndose en mujer. Todo con respecto a ella tomó un concepto de culpa y vergüenza. Aún así, dentro de ella se manejaban ciertos impulsos sexuales que la asustaban, no los podía negar.

CAPITULO DOS – Culpa, Vergüenza y Miedo

Siendo impulsada con estos deseos sexuales y llena de culpa se encontró en un dilema que no podía enfrentar. Encerrándose en ella misma se apartó de su familia y amigos.

En segundo lugar, cuando entra, la maldad ensucia la consciencia del hombre. Comienza a sentirse sucio y verse impuro. Experimenta la culpa. El comportamiento de esconderse y cubrirse llega a ser compulsivo. La limpieza y la lavada ritualista, el vestirse inmaculadamente y la limpieza obsesiva en la casa indican un comportamiento neurótico de culpa. Junto con esto entra la proyección de la culpa y la vergüenza sobre otros. El juicio inminente le espera a todos aquellos que fracasan y no llegan a los estándares impuestos por él mismo.

Si no lo proyecta sobre otros, el hombre internalizará la culpa. El auto-castigarse, odiarse y los pensamientos acusatorios lo llevan a pensar en el suicidio. La mujer joven mencionada al principio de este capítulo vivió en este punto por muchos años. El tormento de la culpa no trae paz. La separación siempre trae muerte de alguna manera.

Tratando con la Desnudez

El hombre, en su intento de tratar con la culpa toma una decisión , o se cubre a sí mismo con una cobertura religiosa o acepta la desnudez como si fuera algo normal. Regresar a la desnudez para algunos es una forma de recuperar la inocencia, pero la inocencia una vez que se pierde no puede ser recuperada. Para el pecador la justicia está basada en la verdad y no en la inocencia. No importa qué tan inocente trate el hombre de ver su pecado, el resultado es siempre el mismo: culpa y vergüenza.

La mayoría de los hombres escogen una cobertura religiosa para su desnudez. Por esta razón las raíces de cada cultura son encontradas en su religión. La palabra "cultura" tienen el significado básico de "culto o religión." La naturaleza del hombre como pecados es cubrirse a sí mismo con una cobertura religiosa. ¿Cómo reconocer una cobertura religiosa? ¿Que hay que remplaza la hoja de parra como cubrimiento de la desnudez del hombre?

Lo primero acerca de la cobertura de hoja de parra es su adherencia intensa a la letra de la ley. Generalmente por la interpretación que uno tiene de esa ley, el hombre cose un traje conveniente. La justicia pasa a ser una exhibición de la bondad de uno; sus obras son puestas ante los ojos del público. Este compromiso intenso hacia el Orden religioso es acompañado por un orgullo espiritual, desprovisto de compasión por el pecador. Una justicia que lo separa del mundo, rehúsa escuchar su grito de ayuda. Su religión consiste de mucho sacrificio a Dios, pero sin misericordia por el pecador. Jesús habló a los líderes religiosos de Su tiempo, "Pero vayan y aprendan lo que significa: 'Lo que pido de ustedes es misericordia y no sacrificios.'" (Mateo 9:13).

El legalismo, el orgullo espiritual y las limpiezas ritualistas constituyen la religión de este hombre. Sin embargo, bajo estas coberturas se esconden comportamientos siniestros y engañosos que carecen del verdadero carácter de la justicia. Aquello que el hombre cose para hacerse una cobertura no quita su pecado ni su culpa; el pecado permanece, lo sucio permanece. Solitario y orientado a ejecutar, hace su sacrificio a Dios. Ahora se ha convertido en un hipócrita. De esta manera la religión cae en desprestigio y el mundo cuestiona la motivación de la gente religiosa.

La culpa llevará al hombre al fanatismo. La advertencia viene de las Escrituras, "...Si desechas el yugo de opresión, el dedo acusador y la lengua maliciosa, si te dedicas a ayudar a los hambrientos y a saciar la necesidad del desvalido, entonces brillará tu luz en las tinieblas, y como el mediodía será tu noche." (Isaías 58:9-10) La culpa pondrá un yugo pesado sobre el hombre. Bajo este yugo él apuntará un dedo crítico a todos los demás, y de su boca saldrán palabras de juicio condenando a todos los que no aceptan su yugo.

Libre De La Culpa

La religión no quita la culpa del hombre. La culpa permanecerá hasta que haya limpieza y perdón del pecado. En el Antiguo Pacto la gente hacía tres ofrendas para el pecado: la ofrenda del pecado, la ofrenda de la culpa y la ofrenda de paz. Ellos ofrecían la primera para el pecado en sí, la segunda para la culpa de la violación y la tercera una ofrenda de agradecimiento que el pasado había sido puesto a un lado. Estar libre de culpa requiere que uno trate con su pecado en estas tres formas.

Hasta que uno reconozca el pecado, la culpa permanecerá. La confesión expone al pecado; debemos encarar al pecado. La Escritura describe esta transparencia como "caminando en la luz" (1 Juan 1:7; Efesios 5:8). Debemos establecer la verdad acerca del pecado ante el hombre y Dios. Cubrir el pecado hace que el pecado permanezca. El no cubrir el pecado hace que la verdad traiga al hombre al arrepentimiento y al perdón. Escucha las palabras, "Si confesamos nuestros pecados, Dios, que es fiel y justo, nos los perdonará y nos limpiará de toda maldad." (1 Juan 1:9).

El obtener el perdón es solo una parte de la salvación del hombre, como lo es también limpiarse de todo pecado. Entonces Dios quita toda mancha de pecado y el hombre es libre de pecado y culpa. En este punto el hombre encuentra la paz. El agente limpiador en la tierra que limpia al hombre del pecado es la sangre de Jesucristo. "Si es así, ¡cuánto más la sangre de Cristo, quien por medio del Espíritu eterno se ofreció sin mancha a Dios, purificará nuestra conciencia de las obras que conducen a la muerte, a fin de que sirvamos al Dios viviente!" (Hebreos 9:14).

CAPITULO DOS – Culpa, Vergüenza y Miedo

Hasta que Dios limpie la consciencia del hombre, el hombre no puede ser libre de la culpa. Dios debe quitar no sólo el pecado sino la profanación del pecado. A través del perdón, Dios levanta el peso de su pecado; a través de la limpieza, El quita la profanación de su pecado. Solo entonces el hombre es libre. Lee la oración de David en el Salmo 51, y permite que esta sea tu oración.

Lo que El limpia, Dios también cubre. Dios provee una cobertura de justicia una vez que el hombre permite que su desnudez sea expuesta. "Me deleito mucho en el Señor; me regocijo en mi Dios. Porque Él me vistió con ropas de salvación y me cubrió con el manto de la justicia..." Dios cubre solo aquello que El limpia.

CAPITULO TRES

Hostilidad

Los resentimientos históricos que crean un ciclo de odio y venganza han separado naciones y han separado grupos étnicos dentro de naciones. El conflicto continuo entre los Croatas, Servios y Musulmanes en Yugoslavia es un ejemplo presente de aislamiento. Encerrados en una batalla de muerte, cientos de miles de personas han muerto y millones han tenido que ser refugiados. Los ejércitos están violando y saqueado, bombardeado y destruyendo. Los inocentes son víctimas del intento más brutal hacia la pureza étnica. Alguna vez ellos fueron un pueblo Eslavo. En el siglo sexto ellos emigraron del norte del Danubio hacia lo que se convirtió en Yugoslavia. Durante cientos de años los términos Servio y Croata solo tenían un significado geográfico. Hasta este día todos hablan el mismo lenguaje Eslavo. Sin embargo a través de los siglos la geografía, la religión y las guerras de los imperios se han empeñado en controlar esta tierra, gradualmente dividiendo a la gente. Un cataclismo de guerra ahora divide a una pequeña nación entre tres fuerzas violentas. El aislamiento ha traído muerte a esta tierra.

¿Por qué es el hombre hostil con el hombre? ¿Por qué la guerra ha dominado la historia del hombre? La historia de remonta al Jardín cuando encontramos la hostilidad y la violencia en la primer familia. El primer hijo nacido al hombre entró en conflicto con su hermano y lo mató. En esta historia de la primer familia, posiblemente podamos aprender algunas ideas acerca del aislamiento.

"Y el Señor miró con agrado a Abel y a su ofrenda, pero no miró así a Caín ni a su ofrenda. Por eso Caín se enfureció y andaba cabizbajo. 'Si hicieras lo bueno podrías andar con la frente en alto. Pero si haces lo malo, el pecado te acecha, como una fiera lista para atraparte. No obstante, tú puedes dominarlo.' Caín habló con su hermano Abel. Mientras estaban en el campo, Caín atacó a su hermano y lo mató." (Génesis 4: 4-7)

Vimos al hombre separado de Dios en la primera etapa del aislamiento; el comportamiento del hombre fue de esconderse y cubrirse. Ahora en la segunda etapa del aislamiento encontramos al hombre separado del hombre. En este punto podemos ver al aislamiento trabajando a través de la hostilidad, el hombre en contra del hombre. Desde el tiempo de la caída, la hostilidad siendo una conducta básica ha dominado la historia del hombre. El conflicto y la división, el enojo y el odio, la conquista y el dominio describen esta conducta. ¿Por qué no ha podido el hombre vivir en paz?

Sin Paz

Primeramente, el hombre ha visto a su hermano como un competidor. Cuando la competencia llega a ser el punto, la eliminación se convierte en la menta. Caín miró a su hermano como alguien que competía con él. Un intento egoísta controló el pensamiento de Caín; de alguna manera Él tenía que superar a su hermano. No había lugar para ambos. Ya que su hermano lo superó y encontró favor, Caín vio a su hermano estorbando su camino. De alguna manera el hermano tenía que ser eliminado para que él solo pudiera estar ante Dios. Lo que Caín no entendió fue que con Dios el punto es la obediencia; con Caín el punto fue la competencia.

Reaccionando a su fracaso, el rostro de Caín decayó y se llenó de enojo. El enojo es la reacción de un hombre que rehúsa ser minimizado, determina obtener lo que él quiere, causa que un hombre entre en conflicto. Como un fuego interior, quema hasta que el hombre es lleno de hostilidad. Se voltea en contra de otro culpándolo del dolor y de la experiencia perdida. El enojo rehúsa aceptar la responsabilidad; la culpabilidad hace a la otra persona responsable. Finalmente, revienta como una explosión y con una intención, la de destruir. Impredecible y sin razón es el enojo que obra en la hostilidad.

La Fraternidad Rechazada

En segundo lugar, el hombre no tiene paz porque ha rechazado la fraternidad. El enojo se ha convertido en odio y la expresión pura del aislamiento aparece El odio es el rechazo de la fraternidad. El hombre ha reemplazado todo deseo natural de comunidad y unión por la decisión de vivir solo. El escoge vivir sin su hermano y haciendo esto escoge vivir solo para él mismo. El hombre piensa que este arreglo resolverá todos sus problemas, pero aquí entra en otra fase de aislamiento que es el aislamiento. Trataremos con el aislamiento en otro capítulo más adelante. Ahora deseamos hacer hincapié en el concepto básico del aislamiento conforme trabaja a través del odio.

El diccionario Webster define al odio como un gran disgusto o una fuerte repugnancia. Sin embargo, cuando uno coloca al odio con el aislamiento, uno ve la enemistad, la división y la hostilidad. El odio ahora toma una actitud agresiva en donde es más que malevolencia. La separación viene primero, después el conflicto. El odio siempre destruye la fraternidad a través del conflicto y la división.

El hombre ya no es una criatura amorosa, comunicativa y amistosa. Se levanta con espada y escudo listo para la batalla. Ha perdido el concepto de fraternidad; el aislamiento interior le hace creer que todos son un enemigo potencial. El miedo no le permite confiar. El conflicto y la división llenan su vida. Vive sin paz, sin seguridad y sin amor. A través del conflicto, el dolor y el temor, aprende a odiar. A través del odio, el aislamiento posee su alma y vive en aislamiento. La fraternidad se ha perdido.

Dios provoca a Caín con la pregunta, "¿Dónde está tu hermano Abel?" (Génesis 4:9) Caín revela el aislamiento de su corazón cuando le contesta, "No lo sé, ¿acaso soy yo el que debe cuidar a mi hermano?" Al observar a su hermano como competidor y rehusando ser responsable de su bienestar, Caín ha rechazado la fraternidad. El hombre ha vivido en conflicto desde entonces. "Las obras de la naturaleza pecaminosa se conocen bien, odio, discordia, celos, arrebatos de ira, rivalidades, disensiones, sectarismos y envidia." (Gálatas 5:19-20). El aislamiento ha separado al hombre del hombre.

El hombre tiene una necesidad básica de comunidad. Ya sea por la necesidad de seguridad o de unión, el hombre no fue creado para habitar solo. aquí es a donde se encuentra la fuente de su dolor más profundo y de su temor. La fraternidad es una necesidad básica dentro del hombre porque Dios lo creó a Su propia imagen. Dentro de Dios no existe el aislamiento. Es aquí a donde el misterio de la Trinidad habita. Existe tal unión que Jesús lo describió como "...Padre, así como tú estás en mí y yo en ti, permite que ellos también esté n en nosotros..." (Juan 17:21). En Dios no hay división, ni separación, ni aislamiento. El hombre fue creado para vivir en esa unidad de amor con Dios y el hombre. Esta es la clave para la integridad.

Un Llamado al Amor

"Este es el mensaje que han oído desde el principio: que nos amemos los unos a los otros. No seamos como Caín, que, por ser del maligno, asesinó a su hermano... Nosotros sabemos que hemos pasado de la muerte a la vida porque amamos a nuestros hermanos. El que no ama permanece en la muerte." (1 Juan 3:11, 12, 14).

El principio es muy claro, "...El que no ama permanece en la muerte." En otras palabras, el que no ama aún habita en aislamiento. Hemos visto en párrafos anteriores cómo el aislamiento trabaja la muerte a través de la división y la hostilidad. Dentro del hombre el aislamiento es expresado a través del odio que es lo opuesto al amor. La muerte está en el odio, la vida está en el amor. Continuar en el aislamiento es continuar en muerte.

El llamado al amor es un llamado a la vida. "Nosotros sabemos que hemos pasado de la muerte a la vida porque amamos a nuestros hermanos..." (1 Juan 3:14). aquí uno experimenta una gran transición de la muerte a la vida. Â ¿Cómo puede ser uno libre del aislamiento de muerte estando tan profundamente dentro del alma del hombre? Dios ha provisto el camino. "En otro tiempo ustedes, por su actitud y sus malas acciones, estaban alejados de Dios y eran sus enemigos. Pero ahora Dios, a fin de presentarlos santos, intachables e irreprochables delante de él, los ha reconciliado en el cuerpo mortal de Cristo mediante su muerte." (Colosenses 1:21-22). Jesucristo sufrió la hostilidad y el alejamiento del hombre que trabaja a través del odio; pero todo se enfocó en la Cruz. Es El quien puede sacarte de la muerte a la vida.

CAPITULO TRES – Hostilidad

Llamado a la Unidad

Cuando todos bajen las armas de la hostilidad, habremos restaurado la fraternidad. El hombre una vez más debe llegar a la unidad con su hermano y ser su cuidador. Solo entonces puede haber paz en la tierra. Para este propósito vino Jesús, y por esto oró, "Padre, para que todos sean uno...para que el mundo crea que tú me has enviado.. yo en ellos y tú en mí. Permite que alcancen la perfección en la unidad..." (Juan 17; 21, 23). Aquello que Caín rechazó, Jesucristo lo restauró al hombre: la unidad y la fraternidad. El derrumba las paredes de la hostilidad; solo entonces el hombre puede llegar a la unidad. Conforme él llega a la unidad, el hombre llega a la vida. Aquellos que rehúsan la unidad son llamados malvados,"Pero los malvados son como el mar agitado, que no puede calmarse, cuyas olas arrojan fango y lodo. No hay paz para los malvados -dice mi Dios-."(Isaías 57:20, 21). Escucha la súplica del apóstol:

Por eso yo, que estoy preso por la causa del Señor, les ruego que vivan de una manera digna del llamamiento que han recibido, siempre humildes y amables, pacientes, tolerantes unos con otros en amor. Esfuércense por mantener la unidad del Espíritu, así como también fueron llamados a una sola esperanza; un solo Señor, una sola fe, un solo bautismo, un solo Dios y Padre de todos, que está sobre todos y por medio de todos y en todos." (Efesios 4:1-6).

CAPITULO CUATRO

Amargura y Falta de Perdón

Khieu Sam Phon, un gobernante de Cambodia fue responsable por la muerte de 1.4 millones de personas de su propio país en este siglo. La mayoría de las muertes ocurrieron cuando la gente fue forzada a dejar sus hogares obligándolos a irse al campo sin comida ni refugio. La mayoría murió por hambre o por exposición del medio ambiente. Su ejercito mató a toda la gente profesional que hubiera podido mantener a la sociedad. Este hombre demostró la brutalidad una y otra vez. Un ejemplo inolvidable tomó lugar cuando sus soldados tomaron a mujeres adolescentes y las enterraron de pies con solo sus cabezas fuera de la tierra. Después los soldados las mutilaron con sus bayonetas. ¿Qué causa que el hombre mate tan brutalmente a su propia gente?

El resto de la historia fue que cuando era niño, Khiew Sam Phon fue a un internado a donde otros niños lo rechazaron. Tuvo que aguantar bastantes burlas y abuso. No experimentó la aceptación y la fraternidad de sus semejantes. El no fue hostil ni agresivo; más bien era sumiso y pasivo. Mantuvo su dolor por dentro; no lo expresó en enojo o en hostilidad. Sufrió solo; parecía no tener amigos. Como joven fue sexualmente impotente, ninguna mujer joven llenaba el vacío en su vida. Un día, ya más grande llegó a ser gobernante, todo el dolor que él había mantenido dentro salió como un volcán en erupción destruyendo a su propia gente.

Dolor

El dolor que es reprimido, saldrá en formas destructivas: en enojo, hostilidad, culpa, crítica, rebelión y violencia. El tiempo no hace que desaparezca. Tiene una manera de crecer dentro del alma hasta que sale como una explosión de enojo y furia. Busca un objeto con el que puede ventilarse. Lo que lo hace funcionar puede ser insignificante; la reacción puede ser extrema. La represión no disminuye el dolor, el dolor permanece y hace crecer la presión.

El dolor que ha sido mantenido por dentro puede crear condiciones de tristeza crónica y depresión, miedo y aislamiento, auto-castigo y suicidio, adicciones y comportamiento adictivo. El paso del tiempo no disminuye el dolor, más bien permanece cubierto y ligado a la mente y a las emociones. Si el dolor es demasiado fuerte, uno puede estar en negación y bloquearlo. Sin embargo el dolor permanece y continuará trayendo un comportamiento de auto-destrucción.

Desafortunadamente, el hombre experimenta muchas heridas y cicatrices durante su desarrollo. Los niños pueden pasar por experiencias terribles en casa y en la escuela. El abuso genera abuso y la violencia crea violencia por el dolor que permanece. Los niños son vulnerables y los inocentes se convierten en víctimas.

Aún como adultos, la gente sufre muchas experiencias trágicas de pérdida y desilusión. Heridas profundas del alma toman lugar en relaciones rotas, muerte, pérdida de la salud, pérdida económica y profesional, pérdida de la familia, etc. Los eventos de la vida pueden ser abrumadores; el dolor puede crecer profundamente. La vida puede tomar curvas crueles y dejar a una persona sangrando en la carretera.

El dolor crece y se hace más profundo cuando uno siente que Dios lo ha abandonado. Muchos batallan preguntándose, ¿A dónde está Dios cuando duele? Algunos sientes que la voluntad de Dios son las tragedias. Después de todo, ¿No es Dios todo poderoso? ¿No está El en control? ¿Por qué permite que las tragedias sucedan? El dolor crece y se hace más profundo conforme uno ve a Dios como el responsable de lo sucedido. Dios parece estar lejano y no tener cuidado durante el tiempo de pérdida. En muchos casos, cuando uno no experimenta el consuelo, solo la memoria del dolor permanece. El supuesto abandono de Dios en tiempos de dolor puede causar que uno se aparte más de Dios. El dolor llega a ser más intenso cuando uno sufre solo.

Amargura

Pero ¿qué puedo decir? El mismo me lo anunció, y así lo he hecho. La amargura de mi alma me ha quitado el sueño. Señor, por tales cosas viven los hombres, y también mi espíritu encuentra vida en ellas. Tú me devolviste la salud y me diste vida. Sin duda, fue para mi bien pasar por tal angustia. Con tu amor me guardaste de la fosa destructora, y le diste la espalda a mis pecados. (Isaías 38:15-17).

El Rey Ezequías estaba enfrentando la muerte en medio de su vida. El expresa el dolor de su pérdida diciendo, "Sin duda fue para mi bien pasar por tal angustia" Las vidas de muchos pueden repetir esto una y otra vez. ¿Es Dios la fuente de su dolor? ¿Es El, el responsable de todo el sufrimiento de este mundo? Muchos han llegado a estar amargados hacia Dios por su dolor.

Dios no es el autor de la maldad. La maldad que destruye está en el mundo. Desde la caída del hombre, un principio de maldad ha penetrado todo el universo físico, trayendo muerte y corrupción. El hombre en su cuerpo físico está sujeto a la misma ley de corrupción. El pecado del hombre ha traído muerte; la muerte está en el mundo, la enfermedad está en el mundo, el dolor está en el mundo.

La maldad ha penetrado en el hombre, haciéndolo la fuente de mucho dolor mientras él explota a otros para llenar su propia lujuria y avaricia. Demasiadas

CAPITULO CUATRO – Amargura y Falta de Perdón

ruinas son dejadas en el camino mientras él vive para sí: abandona a su esposa y a sus hijos, pisotea al débil; victimiza al inocente. El mundo está lleno de dolor.

La maldad es más que un principio, un reino personifica la maldad. Uno necesita estar pendiente de la estrategia del enemigo: a través de las cicatrices (dolor) el ata y establece control; el comportamiento destructivo toma lugar, el pecado entra; y la carne gobierna. Esto es atadura, esto es esclavitud. El intento de Dios a través de la extensión de Su reino es: "traer libertad a los cautivos." (Lucas 4:18).

De un espíritu herido sale un comportamiento destructivo. ¿Qué hay más destructivo que la amargura? La amargura es una raíz que crece profundamente dentro del alma y cuyo fruto es muerte. Es el cáncer del alma. De ella toda vida se seca, toda actividad se detiene, el aislamiento entra, la debilidad y la depresión prevalecen, toda la paz se va, la gracia de Dios es cortada, el proceso de la muerte comienza. Escucha las Escrituras:

Por tanto, renueven las fuerzas de sus manos cansadas y de sus rodillas debilitadas. Hagan sendas derechas para sus pies, para que la pierna coja no se disloque sino que se sane. Busquen la paz con todos – Asegúrense de que nadie deje de alcanzar la gracia de Dios; de que ninguna raíz amarga brote y cause dificultades y corrompa a muchos. (Hebreos 12:12-15).

Perdón

El perdón es la clave para liberar el dolor y recibir la sanidad. Un principio del Reino se encuentra en Lucas 6:37, "– Perdonen y se les perdonará." El significado literal del perdón es "soltar o liberar." "Suelta y serás libre." El principio es este: Si sueltas al que te ha herido, Dios te soltará de la herida. El término soltar da el significado literal del perdón. Cuando perdonas sueltas a la persona y lo liberas de la deuda.. Al perdonar sueltas a Dios para trabajar en ti y en la vida de otras personas. Por otro lado, la falta de perdón te ata a la persona que te ha herido, estás atado al pasado y la mano de Dios está atada y no puede trabajar en esa situación. Nada puede cambiar. El dolor permanece.

CAPITULO CINCO

Aislamiento

¿Qué le sucede a la gente que esté en aislamiento? Algunas de las personas más aisladas en el mundo eran los aborígenes Australianos. Nadie sabe cómo llegaron a esa tierra. Los eruditos piensan que vivieron en este continente por más de 10,000 años. En todo este tiempo jamás construyeron una casa, ni plantaron una semilla, ni se hicieron ropa. Simplemente vagaron a través de este enorme y desértico continente, mudándose constantemente, durmiendo en el suelo con los perros y viviendo de lo que la naturaleza les proveía. No hacían de ningún lugar su hogar. Afligidos con enfermedades venéreas, atados por el temor de los espíritus de aquella tierra, su vida no era la experiencia del Jardín-del-Edén. Nos recuerdan que la desnudes no devuelve la inocencia. Por miles de años estas personas vagaron aisladas sin cambio alguno, más bien empeorando. ¿Cómo sobrevivieron?

Su estilo de vida primitivo habla de una cultura degenerativa traída por la asfixia mental que no permitió ningún desarrollo de instrumentos y técnicas que pudieran haber cambiado su manera de vida. Hay que notar que sí habían hecho armas. aquí uno ve la condición triste del hombre que se pierde en el mismo aislamiento. Pasaron a ser vagos sin destino, sin propósito. Entraron en un modo de existencia solamente sobreviviendo. De hecho no eran mejores que los animales. El aislamiento siempre te lleva hacia abajo, no hacia arriba, como quisieran hacernos creer los evolucionistas. Estos Caines de la edad moderna ilustran bien lo que sucede con la gente aislada.

¿Qué hizo Caín cuando se aisló? (Lee el recuento en Génesis 4:11-16). Cuando rechazó la fraternidad, pasó a ser un errante vagabundo sobre la tierra. No pudo descansar en ningún lugar a donde vivió en la tierra de Nod, la tierra de la inquietud. En su aislamiento clamó que su castigo era demasiado grande para sobrevivirlo.

El hombre es una criatura social y el estar confinado a la soledad es un castigo para él. Aquél que había matado a su hermano debía vivir fuera de la comunidad del hombre. Junto con el aislamiento vino el temor. Tuvo miedo de cualquiera que se le acercara o lo matara. Cualquiera que penetrara su aislamiento lo consideraba un enemigo y veía el acercamiento de cualquiera como una agresión. He aquí el estado triste del hombre, el aislamiento y el temor de cualquiera que se acerque.

En el recuento de Caín uno nota tres cosas que el hombre confronta en su aislamiento: el temor, la inquietud y el desamparo. ¿Por qué el hombre estaba tan inquieto? ¿Cómo podía la vida ser tan vacía? ¿Qué no era libre para hacer lo que él quisiera? No existía ley que lo restringiera, nadie con autoridad para decirle qué hacer; era libre de hacer lo que le viniera en gana. No tenía que trabajar; no era responsable de nadie. ¿Qué el aislamiento no le dio la libertad que siempre quiso? Podía ir y venir como quisiera. Podía vivir para él mismo. ¿Para qué preocuparse por otros? No necesitaba a nadie; regresaría a la naturaleza y viviría de la tierra. Quizás podría recobrar la inocencia quitándose la ropa. Si tan solo pudiera regresar al Jardín, todo sería inocente y bueno, como lo fue en el principio.

Cuando el Hombre Rechaza la Fraternidad

Cuando rehusó cuidar de su hermano, Caín entró en aislamiento. Fue aquí que la terrible verdad del aislamiento cayó sobre él y clamó, "¡Mi castigo es demasiado grande para soportarlo! ¿Qué estaba experimentando Caín? No era la felicidad y la libertad que probablemente había experimentado. Averiguó que ser errante era doloroso. Por primera vez el hombre experimentó el desamparo.

Sin unidad, sin propósito, sin identidad Caín experimentó el desamparo del aislamiento. El Creador había dicho,"No es bueno que el hombre esté solo." El hombre fue creado a la imagen de Dios que es un Ser personal y cuya naturaleza es amar, tener comunión y comunicación. La unión en la Divinidad es tan cercana que a Él se le llama Un Dios. La mente humana tiene dificultad en comprender esta verdad. Sin embargo el alma del hombre clama por unidad. Existe una necesidad innegable de amor, comunión y comunicación con otra persona. El aislamiento le niega al hombre la necesidad básica de unidad.

Sin unidad la vida esté vacía. aquí el hombre experimenta el doloras profundo. Nada es más doloroso que el vacío Mucho de este vagar viene de tratar de llenar este vacío Seguramente en algún lugar algo llenar esta grieta por dentro. Quizás ninguna fuerza es tan fuerte en la vida del hombre que el vacío de su alma. aquí tiene que tratar con la amplitud y el vació de su vida. El hombre sigue errante mientras viva sin unidad.

El desamparo crece dentro del hombre cuando descubre que el estar sin unidad es estar sin propósito en la vida. ¿Podrá haber un mayor desamparo para el hombre que vivir sin propósito? El hombre experimenta la falta de propósito cuando es errante. Esta aquí, pero ¿por qué está aquí?

Esta pregunta separa al hombre del resto de los animales. Un animal jamás se preguntaría esto. La línea que ha separado al hombre del resto de los animales no parece estar ahí ahora. El hombre ha pasado a ser un errante sin destino. ¿Es él mejor que el resto de los animales? ¿Es la vida misma suficiente?

La terrible verdad se derrumba sobre Caín . Sin fraternidad no hay propósito en la vida. La misma cosa que Caín había rechazado ahora lo había robado del significado de la vida. Un errante no tiene propósito ni destino. El vacío del aislamiento cayó sobre él en la forma más dolorosa clamando,

CAPITULO CINCO – Aislamiento

"¡Mi castigo es demasiado grande para soportarlo!" La vida no tenía significado y era una vida vacía.

El desamparo continúa creciendo. El hombre ha perdido la unidad, ha perdido el destino y ahora ha descubierto que ha perdido identidad. Si el hombre se ha separado del hombre, si el hombre ahora vive sin propósito, ¿qué lo hace a él diferente del resto de los animales? El hombre a alcanzado el punto de perder su identidad. Comienza a preguntarse ¿Quién soy? La mayoría de los hombres pasan una vida tratando de responder esta pregunta junto con otra, ¿Por qué estoy aquí -? Estas son las dos preguntas más importantes que confrontan al hombre. En ellas esté el significado de la vida misma y el valor del individuo. La distinción, el ser único y cuánto vale un ser humano, todo constituye la identidad de una persona. Un errante no sabe Quién es o porqué esté aquí -. Ha perdido la unidad, el propósito y hasta él mismo. Vaga en el desamparo.

Uno llega a ver los resultados alarmantes del aislamiento. En el aislamiento el hombre pierde la perspectiva. El hombre no se encuentra así mismo buscando dentro de él mismo, ni encuentra propósito viviendo para él mismo. Cuando ya no puede ver el rostro de Dios, el hombre pierde toda perspectiva. El aislamiento lo lleva a una espiral hacia abajo de pérdida y separación. El punto de vista evolucionista de la progresión del hombre no es precisa. Lo contrario es visto en el caso de los aborígenes Australianos. En la soledad existe el retroceso. El hombre no llena ningún propósito, no existe sentido de destino, se convierte al resto de los animales. El hombre se separa de sí mismo.

Los Errantes de los Días Modernos

Job describe una generación viviendo en aislamiento. El escenario de la gente viviendo en el desierto describe la condición emocional y espiritual de una generación aislada de sí misma. Las condiciones eran tristes, el dolor era real, la desolación era increíble. Obtén una imagen mental de aquellos que viven en aislamiento. Habían sido excluidos de la comunidad, Acusados a gritos como ladrones. Se vieron obligados a vivir en el lecho de los arroyos secos Entre las grietas y en las cuevas. Bramaban entre los matorrales; Se amontonaban entre la maleza gente vil, generación infame fueron expulsados de la tierra (Job 30:5-8).

En este pasaje uno ve la progresión del aislamiento. Primero existe el aislamiento. "Habían sido excluidos de la comunidad?" No tenían relaciones significativas. No habían experimentado la fraternidad ni la unidad con otros en la sociedad. Dicho aislamiento va más profundo si no ha existido un lazo familiar en el hogar. La comunidad expresa rechazo. "¡No perteneces aquí !" "¡No puedes ser uno de los nuestros!" "¡Vete!" "¡No te queremos!" El rechazo los lleva al aislamiento. Las paredes son elevadas, la comunicación se detiene; entra el aislamiento emocional.

CAPITULO CINCO – Aislamiento

El siguiente paso es la separación ".. Se vieron obligados a vivir en el lecho de arroyos secos?" Ahora han escogido vivir aparte de la comunidad, sin fraternidad, sin unidad. Ahora son errantes viviendo sin una estructura de vida en la sociedad. Han rechazado la familia, la iglesia y toda institución gubernamental; han escogido vivir en aislamiento. Sin protección de la familia, iglesia y comunidad, son vulnerables a todo tipo de fuerza hostil maligna. Comienzan a vivir en los grietas del suelo y en las rocas. La desolación y el aislamiento describen la vida del errante. El esté empeñado en ser libre sin autoridad, sin limitaciones, sin responsabilidad. El mismo se separa de la comunidad. Ha pasado a ser errante sin destino vive solo para el momento.

En tercer lugar, existe la expresión del dolor cuando braman entre los matorrales. Separado de la comunidad, rechazando todas las estructuras de apoyo de la vida, ahora experimentan el dolor del aislamiento. ¿Quién puede medir el dolor de un alma humana que brama por amor, por significado, por alivio? "Bramar" es lo que un asno salvaje hace, brama en el desierto, de esta manera ellos levantaron sus voces. Nada expresa la desolación y la desesperación más que la música que llena el aire con los bramidos del desamparo. Una canción en los años sesentas escrita por Paul Simon expresa el dolor y el aislamiento de esa generación:

> Soy una roca, soy una isla.
> Y una roca no siente el dolor;
> Y una isla nunca llora.

En cuarto lugar, en su aislamiento los errantes buscan unidad: "se amontonan en la maleza." El dolor puede ser un vínculo. Sin embargo existe muy poco alivio, solo la maleza para amontonarse. La maleza es un ' que pica e irrita la piel al contacto. No existe alivio en esta comunidad. La vida en esta comunidad ha llegado a ser una existencia vacía sin significado. Cada día los errantes enfrentan el vacío.

Quinto, existe el aislamiento del corazón de padre. "Gente vil, generación infame" nos habla de una generación que no conoció a sus padres. Totalmente contrario a la naturaleza, el corazón de padre se ha desviado del de sus hijos. En un capítulo más adelante discutiremos la razón de esta circunstancia, pero el hecho es que los problemas más profundos que salen de la infancia vienen del aislamiento del corazón del padre. El no haber experimentado el vínculo del amor del padre los lleva al aislamiento.

Nota el estado del alma humana; se ha convertido en un desierto. No hay nada que sostenga la vida, solo rocas, matorrales, maleza y grietas en la tierra. El errante habita en este lugar, separado de Dios, del hombre y de él mismo. Vive en aislamiento.

Conducta Adictiva

El aislamiento es el problema número uno de esta sociedad. El rompimiento de la familia y la falta de

CAPITULO CINCO – Aislamiento

hermandad en la comunidad ha dejado a una generación viviendo en un vacío de necesidades emocionales. Sin unión, sin vínculo, viven en el vació y en la amplitud. Sin propósito y significado en la vida, viven para el momento, esperando experimentar algo que haga que la vida valga la pena. ¡La adicción suple la necesidad! Adormece el dolor; pasa a ser la manera de escapar el desamparo y el temor. Esta generación ha perdido el camino; ha nacido en una cultura adictiva.

¿Qué raíces de esta cultura producen una conducta adictiva? ¿Qué hay dentro del hombre que le causa adoptar una conducta contraria a la vida? Para llegar al punto rápidamente, la premisa básica es que la raíz de la adicción sale del aislamiento. El aislamiento produce una conducta adictiva. Ahora echaremos un vistazo al interior del errante.

Primero, el errante sin unidad. aquí uno descubre una necesidad del adicto. La falta de fraternidad y comunidad lo han dejado vacío y solo. Un sentido de amplitud llena su vida. Vive en un vacío No exigiste un sentido de pertenencia. No hay relaciones significativas; vive bajo un espíritu de rechazo. Junto con este vacío existe mucho temor. El temor al abandono es el mayor temor que enfrenta, pero están los temores del rechazo y del fracaso. Estos temores gobiernan su mente y emociones haciéndolo cautivo. A través de la adicción busca escapar de sus temores. Existe la profunda necesidad de entrar en con otra persona, para estar en armonía con el universo, para experimentar un sentido de pertenencia. La adicción pasa a ser la manera de romper con el aislamiento.

Segundo, el errante es aislado de sí mismo. Viviendo bajo el rechazo llega a rechazarse a sí mismo. El auto-odio y el auto-rechazo son expresiones profundas del aislamiento interior. De ahí le sigue el aislamiento creciente de la gente. Llega a ser egoísta y desarrolla una personalidad narcisista. Todo se desarrolla alrededor de sus necesidades, sus problemas, su placer, etcétera. En las relaciones el es manipulador o se pega como lapa. Busca a una persona que le traiga significado y valía a su vida, saca su vida de esa persona. Es introvertido, desenfrenado, orientado al entretenimiento, vive indirectamente a través de las experiencias de otros, atrapado en engaños de sí mismo. La lujuria y la perversión tienden a gobernar sus pensamientos. En su aislamiento pierde la perspectiva y tiene dificultad de enfrentar la realidad.

Dentro de este aislamiento esté la necesidad de trascender. Trata de llegar más allá de los límites de la percepción humana y del pensamiento. El vacío y la soledad en que vive lo conducen a buscar el en la vida. La adicción saca de la realidad, lo libera de la amplitud y lo ayuda a vivir momentáneamente en un mundo cálido y con significado. Los temores se calman y es capaz de verse a sí mismo en una manera completamente

CAPITULO CINCO – Aislamiento

diferente. Encuentra esperanza para sí mismo como persona.

Tercero, el errante vive en desamparo Es aquí a donde se encuentra una de las causas básicas de la conducta adictiva. Esté orientado al fracaso, sin propósito y sin sentido de destino. Un sentido de desamparo prevalece sobre cada intento que hace por tener éxito; cada esfuerzo esté destinado al fracaso. Un sentido de pesimismo observa el mundo existente en la peor forma posible; el mal en la vida pesa más que el bien; nada le sale bien. Batalla con la desesperaron y el desamparo. Llega al punto de vista existencial que el hombre existe en un universo sin propósito opuesto por un ambiente hostil. Hundiéndose en un estado de pasividad, no es capaz de tomar decisiones y terminar ningún plan que pudiera cambiar su situación. Siempre de doble ánimo, sin fuerza para perseverar, es fácilmente desanimado. No está dispuesto a pasar por el dolor del fracaso, no acepta la disciplina necesaria para tener éxito así-que fácilmente se rinde. Esta actitud es de desamparo.

Tiene la gran necesidad de ser invencible. Su adicción le permite experimentar la invencibilidad. En su adicción siente, "¡Puedo hacer lo que sea!" "¡Nadie puede detenerme!" "¡Estoy en control!" Siente lo que no ha experimentado antes. De momento él es alguien; puede hacer algo que valga la pena; puede tener éxito en la vida. Ahora es libre del fracaso.

AISLAMIENTO: Tratando con el Problema Básico del Hombre

Del desamparo viene la necesidad de la inmortalidad. Si la vida parece no tener significado, existe la necesidad de algo que la haga tener significado. El hombre espera destino, busca continuidad y grita, "¡aquí estoy!" La gran pregunta dentro de él es, ¿Sabe alguien que estoy aquí ? Otras preguntas vienen, ¿Esto es todo lo que hay? Y ¿Puedo hacer algo que haga que mi vida valga la pena? Cuando la vida de uno parece inútil, las respuestas negativas lo conducirán a escaparse de la búsqueda dolorosa. Nuevamente un cierto pesimismo lo conduce. Quizás través de la adicción él podré tocar la eternidad y alcanzar la inmortalidad pueda descubrir el significado de la vida o ¿se rendiría por completo?

Cuarto, el errante esté lleno de dolor. Herido batalla a través de la vida adolorido. A veces el enojo y la hostilidad expresan su dolor interno. Otras veces se vuelve introvertido, temeroso, no confía en nadie y se esconde para cubrir la herida interior. Jalado entre emociones opuestas, con una conducta impredecible, llega a fragmentarse y romperse sin tener dominio propio El dolor puede ser tan intenso que haría lo que fuera por escapar. La adicción se convierte en la manera de encontrar algo de alivio. La necesidad de suspender el tiempo le permite escaparse de la realidad y del dolor, de entrar a otra dimensión y tomar el control. ¿Quién puede medir el dolor del alma humana? ¿Puede haber alivio y sanidad?

CAPITULO CINCO – Aislamiento

Quinto, el errante esté lleno de vergüenza y culpa. Esconderse y cubrirse uno mismo son también en gran manera partes de una conducta adictiva. No dispuesto a admitirse a sí mismo ni a otros que esté fuera de control, cubre su adicción y esconde sus acciones; no admite que existe un problema. Se aferra a la imagen que está en control de su vida. Quizás no quiere desilusionar y causarles a otros dolor, así que continúa escondiéndose. Sin embargo, por dentro la culpa y la vergüenza le causan irse más profundo a la adicción. De alguna manera debe olvidar que está atrapado y cautivo por algo que él ha usado para retomar el control de su vida. Todas las necesidades del adicto entran en la imagen: la necesidad de suspender el tiempo, la necesidad de ser invencible, la necesidad de trascender y ser inmortal y la necesidad de encontrar la unión perfecta.

CAPITULO SEIS

El Ejecutante

Un contemporáneo de los aborígenes Australianos es la gente asiática de Japón. Por miles de años estas personas vivieron en aislamiento. Hasta hace un siglo abrieron sus puertos para el mercado y este cambio llegó más bien por fuerza que por decisión. Esta nación aislada se transformó a sí misma en un poder industrial en tan sólo medio siglo. Para 1930 los Japoneses comenzaron una aventura de conquistar al mundo. Extendieron sus fronteras hasta China, Corea, Malasia, Singapur, Indonesia y las islas del Pacífico. Esta conquista terminó en 1945, con su derrota la Segunda Guerra Mundial. Los bombardeos de los aviones aliados causaron un daño severo a cada ciudad importante de esta nación . Al final de la guerra, todas sus industrias fueron derrumbadas; su economía fue destruida. Lo habían perdido todo.

Durante los próximos veinte años los Japoneses reconstruyeron completamente su país siendo la nación indústrialas grande del mundo llegando a ser el competidoras alto en el mercado mundial. Japón es ahora el constructor de barcos más grandes, así como el productor de hierro y acero, de carros, instrumentos de precisión y equipo electrónico. Es justamente famoso por las cámaras y lentes. Tiene una Industria química creciente y produce textiles y son fabricantes de papel. Toda esta producción ha tomado lugar con casi ningún recurso natural. ¿Cómo pudo suceder esta industrialización? La nación utilizó el único recurso que tenía, su gente. Convirtieron a la gente en una máquina industrial cuya producción ha excedido cada nación industrial en el mundo hoy en día. Esta es una historia increíble de gente que ha vivido la mayoría de su historia en aislamiento. Solo hasta 1970 el Emperador Hirohito realizó una visita fuera de su país, la primera hecha por un reinado soberano.

Ahora podemos contemplar un fenómeno interesante: del aislamiento puede salir una actividad intensa y el desarrollo. Esta transformación es verdadera no sólo para una nación, sino para el individuo también. En el recuento bíblico uno encuentra este fenómeno. Caín en su aislamiento se convirtió en un edificador. La actividad intensa y la construcción de una sociedad le proveyeron al hombre propósito e influencia. Caín quiso vencer la maldición del aislamiento y la vida sin propósito. La escritura dice, "Así Caín se alejó de la presencia del Señor y se fue a vivir a la región llamada Nod...Caín se unió a su mujer, la cual concibió y dio a luz a Enoc. Caín había estado construyendo una ciudad, a la que le puso el nombre de su hijo Enoc" (Génesis 4:16, 17). De sus descendientes salieron artistas, agricultores e industriales. Estas personas eran hábiles en sus comercios e inventores de implementos de bronce y acero. En este tiempo de desarrollo intento una sociedad influyente nació. El hombre ya no era un errante; ahora el hombre

CAPITULO SEIS – El Ejecutante

vivía en una ciudad. ¿Qué la ciudad quita el aislamiento del hombre?

Una cultura llena de aislamiento dará prioridad a la ejecución y al éxito. El hombre comenzará la búsqueda por el significado. El aislamiento ha dejado un sentido profundo de falta de valía y propósito. El hombre tomará uno de dos caminos: o vivirá bajo el rechazo y verá sólo el fracaso en su vida, o no Admitirá el fracaso de ningún tipo y vivirá bajo el perfeccionismo. Uno se orienta hacia el mientras que el otro en la actuación o ejecución. Uno se hunde en la falta de propósito; el otro encuentra el propósito a través de lo que él pueda lograr. Uno acepta la falta de valía y se rinde, pero el otro se propone superarse y crear valor a través de lo que puede hacer. Ambos viven en un vació; ambos son conducidos; ambos desarrollan una conducta adictiva. El aislamiento o lo conduce a uno hacia la errante desesperación o lo conduce a encontrar el valor y el propósito a través del éxito. El problema fundamental es un sentido de vacío que sale del vacío interior. Algunos lo han llamado "un agujero en el alma." El aislamiento crea este vacío.

En el aislamiento uno percibe dos extremos. El autor conoció a una familia que tenía dos hijos: uno era un errante; el otro un ejecutor. Uno vivía en las calles y vagaba de un lugar a otro. No tenía destino ni propósito en la vida. Su estilo de vida había sido vagar desde que se salió de la escuela preparatoria.

Estaba dispuesto a arriesgarlo todo solo por un momento su real. Para él el vagar significaba libertad. Murió en la calle, acuchillado por otro adicto. El otro hijo se superó en la escuela y llegó a ser un banquero. Usaba ropa fina y manejaba carros bonitos. Tenía éxito. Sin embargo nunca se casó; vivía solo.

Este hermano estaba tan aislado como el otro; ambos vivieron en un vacío El hombre escoge por qué camino ir. Algunos escogen vivir bajo el fracaso y permanecen errantes el resto de sus vidas, mientras que otros son capaces de llenar el aislamiento con logros y actuaciones. Por dentro existe un vació que los conduce a ambos tanto al errante como al ejecutante.

El Reino del Yo

El hombre podré escoger llenar su vacío con actividad. Dispuesto a vencer el aislamiento, con una decisión de encontrar el propósito en la vida, el hombre fija el curso de su vida para darse cuenta que su búsqueda es por significado. No puede aceptar el fracaso como una forma de vida; la vida del errante vivida con falta de significado no es aceptable para él. El construirá, él hará algo de él mismo. El éxito es igual a valía, significado y propósito en la vida. Cualquier cosa que sea, él pondrá todo su esfuerzo para alcanzar sus metas. Así que comienza a ejecutar de manera que produzca para él todas las cosas que él desee. Lo que sale de ahí es el reino del yo.

CAPITULO SEIS – El Ejecutante

El aislamiento en la sociedad crea una sociedad egoísta. El hombre llega a ocuparse de su seguridad, su comodidad, sus derechos, su bienestar y su felicidad. La privacidad se convierte en lo más importante en su vida. El sacará todo lo que pueda del sistema, y después correrá a esconderse y quedarse con lo que se ha llevado. Este comportamiento es llamado "acumular y esconder."

Es característico del hombre que vive para sí. Su ídolo es el sistema que le da lo que él quiere. (Jesús lo llama el dios de mamón, Mateo 6:24). Las riquezas son lo más importante en sus pensamientos y en su esfuerzo. Construye paredes altas a su alrededor que le dan seguridad y privacidad. La verdad es que se ha aislado más y más como persona. Esté atrapado dentro de las paredes que él mismo se ha construido. Ha llenado el vacío interior con materialismo y poder.

Un cierto orgullo llega al hombre que lo aísla aún más. Ha construido una imagen de él mismo que sale de su actuación. El éxito ha creado una imagen de valía. Dedica toda su vida a crear y mantener esta imagen. Esta imagen del yo creada por la actuación esté llena de orgullo. La Escritura habla que "... estas personas han hecho de su corazón un altar de ídolos" (Ezequiel 14:3). Sacrificarán todo por mantener su imagen incluyendo a su familia. Básicamente el hombre es un perfeccionista cuya imagen propia y valor propio dependen en su actuación. El perfeccionismo

AISLAMIENTO: Tratando con el Problema Básico del Hombre

nunca lo deja descansar; la intranquilidad lo conduce; nada es nunca suficiente. El vacío interior lo conduce a construir cosas mejores y más grandes. La imagen de orgullo nunca es satisfecha; continuamente clama, "¡Más! ¡Más! ¡Más!" Dentro de este reino existe muy poca vida. Entrega su vida y su energía a una imagen. Aislado como persona es impersonal en sus relaciones, prefiriendo grupos en vez de una sola persona. Es superficial y lejano, nadie lo conoce realmente. Es el actor que sabe cómo complacer a la gente y cumple con su papel. En el trabajo puede ser intimidante, demandante y enojón. Otros lo ven como un insolente, duro e insensible en obtener lo que quiere. Es orientado hacia las metas o más bien hacia el éxito en vez de ser orientado hacia la gente. Se convierte en una máquina que lo conduce a sí mismo y a otros a ejecutar. Ninguna vida sale de una máquina.

En casa existe cierta actitud severa hacia su familia. Su horario ocupado no le permite pasar tiempo con su familia. El aislamiento interior no lo libera para construir relaciones personales fuertes con sus hijos. Su acercamiento esté basado en una relación de actuación. Lo siguiente es lo que caracteriza su relación con sus hijos: pasa con ellos poco tiempo, incapacidad de expresar amor, tolerancia de su presencia, castigo para ventilar la hostilidad, declaraciones abiertas de rechazo, aceptación verbal con rechazo emocional, toma todas las decisiones por ellos o les provee muy poca guianza, es incapaz de liberar a sus hijos para ser personas, rechaza a los niños porque se ve él mismo en ellos, hace que otras cosas o personas sean más importantes que su familia, critica y tiene actitudes perfeccionistas. A final de cuentas no puede expresar amor y aceptación; no tiene un corazón de padre.

En respuesta a esta actitud tan severa, ciertas actitudes se desarrollan dentro de los hijos que dicen, "¡tu me rechazas; yo te voy a rechazar! ¡Tu me hieres; yo te voy a herir!" El aislamiento crece hasta que existe el aislamiento completo. Lo siguiente refleja estas actitudes: resentimiento y amargura, falta de comunicación, rebeldía en contra de la autoridad, ambivalencia y desconfianza. A final de cuentas, ya que no ha habido ningún vínculo con sus hijos, el aislamiento separa a los hijos de su padre.

Quizás sea bueno mencionar a la esposa ¿Qué sucede con ella? Básicamente él amará a su esposa como a él mismo; por lo tanto demandará un nivel de actuación que sea apropiado a sus expectativas. Ella debe embonar con la imagen y el papel de la mujer modelo, lo que sea que él perciba que debe ser. La esposa vive en un vacío de necesidades no satisfechas. Se siente no amada, vacía, sola y resentida. Es difícil para ella relacionarse con un esposo que generalmente es frío e insensible; consecuentemente, ella se retira a su propia área de aislamiento. Idiosincrasias y impulsos llegarán a ser un problema en su vida y después se desarrollarán las adicciones.

Conducta Adictiva

Lo que mueve al ejecutador es a ser excelente y esto lo llevará hacia una conducta adictiva. Lo primero y lo más importante para el ejecutante es que debe tener el control. La presión que esté sobre él lo llevar a buscar sustancias para aliviar la presión y ponerlo en la cima. Las mismas necesidades que conducían al errante. Tiene necesidad de suspender el tiempo; es decir, él debe hacer lo que más pueda en cada hora. Vive con un horario completo que demanda su tiempo y energía. Llena lo más posible su horario; acelera el motor. ¡Produce! ¡Produce! ¡Produce! Mantiene un constante acelere con la presión de ejecutar.

Debe mantener un sentido de ser invencible. Presenta la imagen de un superhombre; nada es tan difícil para él; Él siempre tiene las respuestas. Así que él mismo se mete en todo problema, sintiendo que la vida de toda la organización descansa sobre él. La actuación debe seguir; llega a ser el gran salvador; todos lo buscan a él. A través de su actuación siente el vacío interior junto con el orgullo. Es invencible, esté en control. Todo esfuerzo vale la pena si puede llegar a ser inmortal. Se asegurará que nadie lo olvide. El dejarla sus monumentos de éxito. Llenará su casa con recuerdos de su habilidad superior. Hará todo lo posible para ser irremplazable. Todos recordarán a la persona de gran valor, porque su actuación sobrepasó a todos. ¡Fue el mejor!

CAPITULO SEIS – El Ejecutante

Sin embargo, hay otro lado de esta persona. Aquello que era lo más importante en su vida, tener el control, también esté ausente en su vida. Atrapado en vicios escondidos, lujurias y adicciones, se conduce a sí mismo hacia la soledad. Se encuentra a sí mismo siendo compulsivo con el dinero, administración del tiempo, salud, recreación, servicio a la comunidad y privacidad. El dinero pasa a ser la fuente de poder que le da el control y la valía personal. Comer puede ser algo compulsivo junto con el consumo de alcohol. En las áreas a donde la persona no esté en control, llega a ser compulsivo. Los rastros de una conducta adictiva pronto aparecen en su vida. El hombre no puede ser una máquina sin dar como resultado las impulsos o las adicciones. Al regresar al ejemplo de la nación Japonesa que convirtió a su gente en una máquina industrial, la alta ejecución requerida el trabajo puso una presión tremenda sobre la gente. Sin poder aceptar el fracaso, permitieron que el trabajo los conducirá al éxito. Su valía personal dependía de su ejecución. Fracasar es experimentar la deshonra que degrada a la persona de toda valía personal. Como consecuencia se entregan a arduas horas de trabajo. El japonés trabaja un promedio de seis días por semana; muchos llegan a casa después de que sus hijos están dormidos. Con sólo un día para pasarlo con la familia, dedican sus vidas a la actuación en sus trabajos. Para llenar este vacío personal, se nutren a sí mismos con posesiones materiales y planeadas largas vacaciones. Lo más impórtate es su actuación y producción continua eso sigue y sigue. Como resultado el consumo más alto de alcohol per capita esté en Japón. Hora tras hora los japoneses ocupan los casinos llenos de máquinas tratando de llenar el vacío en sus vidas.

La Máquina

Una pregunta básica que cada hombre debe hacerse es, "¿Puedo producir lo suficiente para ser éxitos?" En una sociedad a donde el aislamiento prevalece, la gente pondrá su atención al éxito y a la actuación. El éxito llega a ser el propósito en la vida. En el proceso el hombre llega a ser una máquina cuyo único propósito es producir. El ser diligente y trabajador es una cosa, pero el ser conducido como una máquina hacia una existencia cuyo único propósito es producir, eso es otra cosa. aquí el hombre moderno batalla. ¿Cómo puede ser productivo y exitoso sin llegar a ser una máquina?

Primero, considera el propósito y el fin de una máquina. Su propósito es producir. Sin producción no vale nada. Su meta es alcanzar el máximo potencial, producir lo más posible, durar lo más posible y ser desechada cuando se acaba. El valor de la vida del ejecutante depende de su actuación, así que cuando ya no puede actuar pierde toda valía. La sociedad que pone todo el valor sobre el éxito y la actuación conduce a su gente a una existencia mecánica. ¿Qué sucede con las máquinas cuando ya no pueden ejecutar. La gente se deshace de ellas, pues no valen nada.

¿Qué es lo que en realidad le da propósito y valor a la vida? El propósito de la vida es dar vida. Una máquina no puede hacer eso. La vida sale de la vida; no puede ser manufacturada. En vez de poner el valor de la vida en la actuación, debemos medir la vida por lo que da a otros. El ejecutante vive su vida en aislamiento y egoísmo mientras el dador de vida da su vida por otros. Su vida es dada. Esta verdad lo lleva a uno al corazón del Cristianismo. "Dios amó tanto...que dio a Su Único Hijo" (Juan 3:16)." Solamente el amor puede producir vida en otro, solo el amor da su vida por otro; solo el amor da todo; solo el amor encuentra el valor en todos. Este es el propósito, este es el valor, que "se amen los unos a los otros" (Juan 13:34). Jesús da la última palabra en cuanto al propósito y al valor, "El que guarda su vida para él mismo la perderá, pero el que da su vida la encontrará" (Mateo 10:39 Parafraseada). El reino del yo debe derrumbarse; debemos abolir el aislamiento; solo entonces la vida saldrá. Dios nos ha llamado a ser dadores de vida, no máquinas.

CAPITULO SIETE

El Desorden

El siglo veinte trajo al mundo un desarrollo sin precedentes que fue como una semilla que había permanecido dormida en la tierra y de pronto reventó con tal fuerza que transformó por completo al mundo del hombre. En un siglo la tecnología llevó al hombre de máquinas de vapor al poder nuclear, del primer mensaje sin cable a satélites espaciales, del cine mudo a videos, de los radios a la televisión, del conocimiento almacenado en libros a chips de computadoras que almacenan librarías completas, del primer vuelo de Kitty Hawk a jets que acercaron a todo el mundo en viajes de un sólo día, de las necesidades básicas del hogar a una variedad múltiple de aparatos que hicieran todo más fácil y de la soledad a un mercado mundial que trajo riqueza y bienes para todo el mundo. La ciencia parecía haber encontrado la respuesta a todos los problemas del hombre. Todo parecía estar de acuerdo con la teoría de la evolución progresiva de Charles Darwin; el hombre se había unido con la naturaleza para descubrir una evolución de desarrollo que le brindaría una utopía de dignidad, libertad y seguridad. Ahora el hombre estaba capacitado para liberarse a sí mismo de la enfermedad, la pobreza y el prejuicio; o al menos eso pensó.

La utopía que la ciencia y la política habían edificado no era buena para nada. La regresión a un salvajismo masivo de dos guerras mundiales dieron rienda suelta a un progreso incomparable. La violencia llenó la tierra mientras que armas poderosas de destrucción destruyeron naciones. Durante la última parte del siglo, hubo una destrucción mayor de los valores en la sociedad. Una fragmentación de la familia y la descendencia del apoyo básico de las estructuras de la sociedad trajo como resultado una generación aislada. Una revolución sexual liberó la promiscuidad sexual en la sociedad que revivió enfermedades venéreas que se pensaba habían sido erradicadas. La propagación del virus del SIDA causó la muerte de miles. Una explosión alarmante de prostitución degradó a miles de mujeres y niños cuyos dueños los mantuvieron cautivos en algunas naciones del mundo. La corrupción entró en la sociedad a través del crimen, pornografía, apuestas, drogas y prostitución. La sociedad perdió su alma y su camino. El declive moral en general llegó en medio de un desarrollo masivo. Este declive es el enigma de esta era. El hombre no ha aprendido a gobernarse a sí mismo porque todavía está viviendo en el desorden como individuo. Aquí en el desorden uno encuentra la última expresión del aislamiento que precede al juicio. Finalmente el aislamiento rechazará la autoridad, rehusará la restricción y se entregará al desorden.

Otra sociedad comparada a esta en su desarrollo y decadencia, es la de Caín. En ocho generaciones esa sociedad se destruyó a sí misma. La violencia y la corrupción acompañaron su desarrollo intenso.

CAPITULO SIETE – El Desorden

Todos vivían para sí. No había gobierno que restringiera al hombre. Era libre de hacer lo que fuera bueno para sus ojos. El fundamento fue puesto en el humanismo que proclamaba la felicidad para toda la humanidad. Los humanistas predicaron la buena vida a través de la auto-realización, la auto-determinación y la auto-satisfacción. Enfatizaron los sentimientos en vez de la responsabilidad moral. Declararon que nada era malo o erróneo en si mismo; la moralidad dependía de las consecuencias de un hecho en vez de lo absoluto de la justicia. Sin estar delimitado por absolutos del bien y del mal, el hombre era libre para vivir la vida para su propio bien. Una filosofía existencial gobernaba el día: Se siente bien, debe estar bien. Jesús describió esa sociedad, "Comían, bebían y se casaban y daban en casamiento, hasta el día en que Noé entró en el arca; entonces llegó el diluvio y los destruyó a todos." (Lucas 17:27). Obsesionados con la "buena vida," no se dieron cuenta del juicio que se acercaba. El Desorden del día los corrompió a todos completamente.

La violencia caracterizaba la sociedad de Caín. Cuando los hijos de Dios tomaron por esposas a las hijas de los hombres, rompiendo el orden de la justicia, algo nació que tuvo severas consecuencias para la sociedad. (Lee Génesis 6:1-12.) De esta mezcla nacieron gigantes (los Nefilitas) que eran hombres malos. "Vio el Señor que la maldad del ser humano en la tierra era muy grande, y que todos sus pensamientos tendían siempre hacia el mal." (versículos 4, 5). Los gigantes en las Escrituras siempre fueron sinónimos de maldad y siempre en oposición a la justicia. Podríamos comparar los gigantes con los modelos de la sociedad hoy en día encontrados en el mundo del entretenimiento que ha influenciado a la generación joven al Desorden y a la injusticia. Conforme el Desorden rompió el orden de la justicia con esa cultura, el fundamento de la sociedad fue destruido. A esto le siguió el juicio.

El Aislamiento de los Corazones de los Padres

Un fenómeno del Siglo Veinte es el aislamiento de los corazones de los padres hacia sus hijos. En ningún otro tiempo en la historia encontramos que la cultura de uno ha destruido la unidad entre el padre y sus hijos. En los capítulos anteriores hicimos las observaciones acerca del errante y el ejecutante, que ayuda a explicar este fenómeno. En un tiempo de desarrollo intenso, las relaciones familiares tienden a romperse. La fuerza para tratar de encontrar la "buena vida" llega a ser la primera prioridad en el hombre. La gente entrega todo en el altar del éxito y del materialismo. Las Escrituras hablan de un tiempo antes del fin cuando los corazones de los padres se voltearían en contra de sus hijos, los corazones de los hijos rechazarían a sus padres, y una maldición vendría a la sociedad. Este aislamiento es una señal de los últimos días.

"Estoy por enviarles al profeta Elías antes que llegue el día del Señor, día grande y terrible. El hará que los padres se reconcilien con sus hijos y

CAPITULO SIETE – El Desorden

los hijos con sus padres y así no vendré a herir la tierra con destrucción total." (Malaquías 4:5, 6). El aislamiento trae una maldición en la tierra. El Desorden y la rebelión salen de los corazones aislados de sus padres. El aislamiento comienza con los padres. Cuando los corazones de los padres están aislados de sus hijos, los corazones de los hijos estarán aislados de los padres y después la maldición llega a la tierra. El aislamiento hace que los hijos tomen el camino de la destrucción: del resentimiento a la amargura, de la amargura a la rebelión, de la rebelión al Desorden y a la hechicería. Cuando los corazones de los hijos se han volteado en contra de sus padres, pasan a ser errantes perdidos en la sociedad sin un sentido de valía, sin propósito ni discernimiento del mal; llenos de pecado, rebelión, rechazo y auto-odio; inseguros e inmaduros, malagradecidos; egoístas. Job describe a esta generación como "Gente vil, generación infame.." (Job 30:8).

La maldición llega a través de la violencia y la demencia. El aislamiento ha liberado la violencia en la sociedad. El crimen ha llenado las cárceles y los dementes han llenado los hospitales. Llenos de hostilidad y conducidos por la violencia, sus acciones y comportamiento son insensatos. Todo lo extraño, pervertido, satisfactorio y adictivo forma una generación que se ha volteado hacía sí misma. Aislada internamente y aislada externamente, viven en dolor, temor y rechazo. Sin unión ni propósito, una generación vive encerrada en sí misma en la oscuridad llena de lo imaginable y lo irreal. El aislamiento los ha liberado de todos los lazos familiares y culturales. Son hostiles externamente, temerosos internamente, la maldición del aislamiento llega a esta sociedad. Uno encuentra una sociedad fuera de control.

El hedonismo es otra parte de la maldición. La búsqueda del placer llega a ser un estilo de vida, principio bueno y la motivación de cada acción. La gente busca placer en todo y los inventores del placer se convierten en héroes. Pronto lo normal ya no satisface, y la gente desea formas pervertidas de placer. Siempre buscando lo exótico con lo familiar, la base de lo natural, el gusto del hombre por una nueva experiencia lo jala hasta que llega a ser reprobado en su pensamiento. Como lo fue antes del diluvio cuando "... toda carne se había corrompido y pervertido.." (Génesis 6:12), la corrupción ahora llena la sociedad.

Los niños formados bajo el aislamiento llegan a ser aislados, rebeldes y violentos. La ausencia del padre crea un vacío que aísla a los hijos. Aunque se les provea casa, ropa y entretenimiento, el vacío interior los deja solitarios y sin satisfacción. La vida pierde el significado.

La Naturaleza de la Rebelión

Cualquiera que sea el comportamiento de la sociedad, la rebelión dentro del alma humana aisla al hombre de Dios y al hombre del hombre. Uno observa la naturaleza o la obra de la rebelión interior

CAPITULO SIETE – El Desorden

en tres maneras: rehúsa doblar su voluntad, rehúsa entregar el corazón y rehúsa soltar el control.

La buena salud mental depende de que la persona sea capaz de someter su voluntad. Un psiquiatra con muchos años de experiencia notó que cada persona que él había conocido con una buena salud mental, había sometido su voluntad a algo o a alguien más alto que él mismo. La verdad es que una voluntad no sometida no encuentra paz. Las personas voluntariosas son…"como el mar agitado, que no puede calmarse, cuyas olas arrojan fango y lodo. No hay paz para los malvados –dice mi Dios--." (Isaías 57:20-21). Constantemente agitados, conducidos por impulsos internos, sin poder estar quietos, sus vidas consisten en una lucha incesante. La persona que no puede doblegar su voluntad no encuentra descanso.

La rebelión no entrega el corazón; rehúsa vincularse a otro. Una mujer que jamás se ha vinculado a su padre encontrará muy difícil vincularse con cualquier otro hombre. Para algunos la razón pueden ser heridas y dolor, y para otros puede ser orgullo e independencia; el hecho es que el aislamiento aísla el corazón. Este aislamiento emocional en muchos casos crea un espíritu de Jezabel que quiere la atención de todos y no se compromete con nadie. El problema no está sólo en la mujer, pero con el hombre que igualmente está aislado en el corazón. En el aislamiento la lujuria pasa a ser el dueño y ésta le roba al hombre de tener un corazón de padre.

El Espíritu del Señor clama por aquellos que no pueden dar el corazón, "Este pueblo me honra con los labios, pero su corazón está lejos de mí. En vano me adoran; sus enseñanzas no son más que reglas humanas." (Mateo 15:8, 9).

Vemos en la escritura uno con un espíritu independiente que actúa bien, sin embargo falla en la cualidad esencial de la alabanza que es la unión con Dios. En la fe también, no tiene la calidad de dependencia trae la voluntad de Dios. Su relación con Dios está edificada en la actuación y en su corazón no existe unión con El.

El aislamiento crea un espíritu independiente que tiene que estar en control. El control llega a ser el punto principal para aquellos que jamás han doblegado su voluntad ni entregado su corazón. De ninguna manera van a soltarse y se resistirán a todo costo. Es casi imposible para ellos pensar en soltar el control de sus vidas. Las voluntades fuertes y los corazones aislados mantienen el control.

Sin sometimiento y sin compromiso, forjan su voluntad en la vida. Demandando y enojados, determinan cumplir sus metas. Un espíritu fuerte e independiente vence. Sin doblegarse y sin vincularse con nadie viven en aislamiento. La rebelión rehúsa soltar el control.

CAPITULO SIETE – El Desorden

Una forma de vida

El desorden es un pecado que sale de la rebelión. Mientras que el desorden prevalezca en la sociedad, la rebelión prevalece dentro del hombre. La consecuencia del pecado es el cautiverio en vez de la libertad. La lujuria y la perversión gobiernan al hombre. Todo tipo de impulsos indican que una persona está fuera de control. La forma de vida del rebelde rehúsa, restringe, resiste la autoridad y cede a la carne. Muchas adicciones esclavizan al hombre conforme él hace su declaración de independencia. La base es esta: cuando uno rechaza la autoridad, el cuerpo gobierna al hombre. Una persona que jamás haya permitido que la autoridad opere en su vida experimentará la esclavitud a la lujuria. El cuerpo es un amo cruel. El alma escuchará sus demandas y sus antojos no cesarán. El hombre que es controlado por su lujuria debe tratar con el desorden por la rebelión.

Un joven batallaba para vencer la lujuria. Había experimentado la libertad de la homosexualidad a través de su compromiso con Cristo. En su batalla con la lujuria constantemente se encontraba derrotado entregándose a la masturbación. Por más que trataba, parecía no haber victoria sobre la lujuria que lo conducía a esta práctica. Un día el consejero le preguntó si se había sometido a la autoridad de su padre. El recordó que él había obedecido por fuera los mandatos de su padre, la falta de vínculo con su padre había causado un resentimiento en él y el rechazo de la autoridad de su padre. La falta de unión no sólo lo condujo a homosexualidad, sino a establecer la rebelión como una forma de vida. No podía haber victoria sobre la lujuria hasta que confesara y se arrepintiera de la rebelión hacia la autoridad.

El desorden y la indecisión salen de la rebelión. Cuando uno rechaza la disciplina, uno crea una manera de vivir que lo deja desorientado y sin propósito. Muchas tareas sin terminar se van quedando día a día. Mientras más lejos uno vaya con esto, más desorden encuentra en su vida en cada área. Jamás se ha sometido al orden de la justicia; la autoridad no ha tenido formación en su vida; no ha aceptado la responsabilidad; ha rechazado la obra de la disciplina. Sin la
fuerza para aguantar, encuentra que la carne con su naturaleza indulgente lo gobiernan. Los impulsos y las adicciones tienden a llenar el vacío. Ha perdido el camino; las cosas están fuera de control. La pasividad está sobre él.

La rebelión detiene el proceso de aprendizaje. Escuchamos mucho sobre nuestro sistema educacional y su fracaso para enseñar a los estudiantes. Algunos dirán que el fracaso está en los maestros que enseñan métodos mientras que otros lo atribuyen al fracaso del plan de estudios. Sin embargo, uno debe considerar la premisa que los estudiantes que jamás han aprendido a someterse a la autoridad no son enseñables. Sin autoridad, el proceso de aprendizaje no toma lugar. Debe haber sumisión a la disciplina del aprendizaje.

CAPITULO SIETE – El Desorden

La rebelión tiene cierto efecto sobre la mente que causa la resistencia de la disciplina de escuchar y aprender.

Dios habló al profeta y le dijo, "Hijo de hombre, vives en medio de un pueblo rebelde. Tienen ojos para ver, pero no ven, tienen oídos para oír, pero no oyen. ¡Son un pueblo rebelde!." (Ezequiel 12:2). La rebelión tiene una manera de cerrar los ojos y los oídos para que la persona no pueda ver ni oír. A través de otro profeta Dios dijo, "Porque el corazón de este pueblo se ha vuelto insensible; se les han embotado los oídos, y se les han cerrado los ojos. De lo contrario, verían con los ojos, oirían con los oídos, entenderían con el corazón y se convertirían y yo los sanaría." (Hechos 28:21,27). La Rebelión hace que el corazón sea insensible, los oídos pesados y los ojos débiles para que no exista entendimiento. El proceso de aprendizaje se detiene. La rebelión es una puerta abierta a la hechicería. "La rebeldía es tan grave como la adivinación, y la arrogancia, como el pecado de la idolatría..." (1 Samuel 15:23). Una persona con una voluntad no sometida buscará establecer control a través de una manera espiritual. A través de la hechicería o la adivinación, el hombre llega a ser su propio dios. Los poderes de las tinieblas vienen a servirle para sus propósitos. Habiendo rechazado el conocimiento de Dios, el hombre desea ver lo que no se ve, saber lo que no se conoce, y experimentar lo sobrenatural. La hechicería no se somete a ninguna autoridad; es el último ejercicio de la voluntad del hombre en rebelión. El resultado de la hechicería son las tinieblas y la ignorancia sobre las mentes de la gente. La Escritura habla de "... el velo que cubre a todos los pueblos, el manto que envuelve a todas las naciones." (Isaías 25:7). Las tinieblas de la hechicería cubren la mente para que la persona pierda el conocimiento de Dios. Una vez que los poderes de las tinieblas comienzan a operar dentro de la mente, el hombre experimenta el engaño que lo lleva a la maldición.

CAPITULO OCHO

Un Hombre Justo

En 1970, el autor experimentó una visitación del Señor que transformó su vida y su ministerio. Habiendo servido como misionero en Brasil durante nueve años, se encontraba en un estado de cansancio tanto físico como espiritual. Esta visitación fue la salvación del autor y esperaba cosas maravillosas que llegaran a su vida— probablemente un ministerio mundial. Para sorpresa y desilusión del autor el Señor le habló que debía de aprender a ser padre. En su contrariedad cuestionó a Dios acerca de este cambio de eventos. Ya era padre de tres, esperando el nacimiento de otro; había provisto para su familia; ¿qué más podía el Señor esperar de él?

El Señor continuó hablando, "¿Has considerado a Noé?" No, el autor no había considerado a Noé como modelo de ministerio. Ciertamente, Noé era un buen constructor de barcos, pero ¿qué misionero quisiera predicar por 120 años sin ningún convertido? Una voz interior continuó, "¿Cuantos hijos tenía?" tres hijos, claro, pero qué significado tenía esto que ver con su paternidad?" "¿Cuántos hijos entraron al arca con él?" Todos, él contestó. "¿En qué tiempos vivía Noé?" El autor sabía que era el peor tiempo en la historia para que un hombre justo criara a su familia. Entonces la pregunta llegó con una fuerza penetrante, "¿Cómo fue que Noé trajo a cada hijo al arca cuando los demás padres e hijos vivían en rebelión y en desorden?" No sabía la respuesta a esa pregunta: ahora Dios tenía toda su atención. La verdad de las cosas llegó a él que probablemente estaba viviendo en tiempos similares a Noé, así que ¿cómo traería a todos sus hijos al arca del Señor sin perder a ninguno? Esto era muy importante.

¿Qué dicen las Escrituras? "...Noé era un hombre justo y honrado entre su gente. Siempre anduvo fielmente con Dios. Tuvo tres hijos: Sem, Cam y Jafet. Pero Dios vio que la tierra estaba corrompida y llena de violencia. Y vio Dios corrupción en la tierra y perversión en la gente." (Génesis 6:9-12). Noé recibió instrucciones del Señor para construir una arca para la salvación de su hogar, porque el juicio llegaría como una inundación que destruiría al hombre y a todo ser viviente. ¿Qué es lo que hizo que los corazones de los hijos de Noé dejaran al mundo de aquél tiempo y siguieran a su padre? ¿Qué hizo que se involucraran al esfuerzo de su padre que causaba burlas y rechazo? ¿Qué tipo de padre era Noé?

Un Corazón de Padre

Noé fue un padre con un corazón de padre. Ningún aislamiento lo separó de sus hijos. Tenían su corazón y él tenía los corazones de ellos. Se sostuvieron juntos en tiempos críticos; estaban unidos porque sus corazones estaban vinculados. Este vínculo es la primera clave para hacer que los hijos entraran en el arca. Cuando los padres tienen los corazones de sus hijos, los hijos los seguirán al arca. En esta declaración hay descanso y confianza: el amor de un padre prevalecerá. En días perversos los hijos buscarán a los padres primero para mostrarles el camino. Cuando los hijos buscan al padre como quienes todo lo saben, como lo máximo en el mundo, el vínculo debe tomar lugar; de no ser así, la oportunidad se pasa y una segunda oportunidad llega retrasada y con mucha dificultad.

Para que ellos sean fuerte para resistir la influencia del día malo, los hijos deben saber quienes son y lo que valen. Un hijo que no ha tenido nunca el amor y la aceptación de su padre, será débil y sus semejantes lo guiarán a él fácilmente. La búsqueda de identidad y valía le causarán conformarse a su cultura y a sus amigos. Sin poder sostenerse solo o ser diferente, continuamente buscará la aceptación. Vivirá en un vacío que traerá rechazo de la relación del padre. Su auto-imagen y auto-valía siendo uniformes lo harán vulnerable, débil y temeroso. No aguantará el dolor de ningún rechazo que salga de sus amigos pues eso tocará su inseguridad más profunda. No conoce quién es o lo que vale, así que está dispuesto a irse con lo que sea. La niña que no ha conocido el amor del padre tenderá a ser promiscua para recibir la atención y el amor de los hombres. Los hijos débiles y vulnerables salen del aislamiento.

Los hijos de Noé eran hombres fuertes; conocían quiénes eran y lo que valían. Pudieron sostenerse en medio de las tentaciones y las presiones del día. Podían sostenerse solos. Sacaron la fuerza de su padre; aceptaron las convicciones de su padre; tenían el corazón de su padre. Los hijos de Noé fueron una reelección de Noé. Sabían quiénes eran porque conocían a su padre. De los corazones de los padres fluye el amor que forma la imagen propia de los hijos y su valor. Este amor es el regalo más valioso que un padre pueda pasarle a sus hijos e hijas. Debemos enfatizar que ambos, hijos e hijas reciben la información de ellos mismos como personas de la relación con sus padres. El corazón del padre forma a un hijo.

La segunda clave para traer a los hijos e hijas al arca es la autoridad del padre. Los padres guiarán a los hijos para que se sometan a ellos. La voluntad doblegada va de la mano con el corazón vinculado. Aún conforme el corazón del padre forma a la persona del hijo, la autoridad del padre forma su carácter. La persona y el carácter, ambos esenciales, hacen completos al hombre y a la mujer. Un balance entre el amor y la autoridad trae una formación perfecta. En la ausencia del amor, la autoridad puede ser dura, cruel e injustamente severa. En la ausencia del la autoridad, el amor puede ser indulgente y tolerante en exceso. Los padres necesitan ser amorosos-firmes y firmemente amorosos para que la autoridad de Dios sea formada en sus hijos.

Una función esencial de autoridad es la formación del carácter. A través de la imposición de la

CAPITULO OCHO – Un Hombre Justo

disciplina, el carácter es formado. La disciplina es el proceso de entrenamiento que desarrolla el dominio propio, la resistencia y el buen comportamiento. Uno puede ver el principio de autoridad en el ejercicio del castigo y la corrección, la instrucción y el entrenamiento, la responsabilidad y el dar cuentas. Sin la obediencia el proceso no toma lugar. Sin el ejercicio de la autoridad, no existe ninguna formación de carácter. El carácter es formado como el barro en las manos del alfarero, quién toma el barro y lo forma a un diseño particular. Este concepto es totalmente opuesto a la filosofía de los días modernos de dejar a los hijos sin tocarlos y sin formación. Esta sociedad tiende a sustituir la inteligencia por virtud, la belleza por el carácter y el materialismo por el valor. Estos tres altos valores de la sociedad de hoy no necesariamente requieren carácter. Si uno puede conocer lo suficiente, ser lo suficientemente favorecedor y tener lo suficiente, la gente lo verá como alguien exitoso. Sin embargo lo que él es como persona puede ser inmensurablemente menor de uno que es honesto, leal, fiel, valiente, humilde, agradecido, diligente y confiable. Es en estos rasgos a donde se encuentra el carácter.

La Autoridad de un Padre

Noé era un hombre de autoridad. Libre de culpa y justo ante el Señor, se levantó sin temor ante el hombre. No era legalista, perfeccionista, controlador o enojón. Caminaba en amor con la autoridad de Dios y trabajaba con justicia. Podía levantarse con autoridad porque estaba sometido a Dios. La misma relación que tenía con Dios el Padre estableció con sus hijos. El mundo lo respetaba por su justicia; sus hijos lo honraban por su piedad. Era fuerte, era apacible. Sometido a Dios, caminaba en obediencia. Dios ordenaba y él obedecía. El escuchaba la voz de Dios, así que sus hijos escuchaban su voz. Ellos lo honraban porque él honraba a Dios. Ellos lo obedecieron porque él obedeció a Dios. La formación de la justicia tomó lugar en sus hijos porque estableció una autoridad de Dios en su hogar.

Un padre debe ser "...como un refugio contra el viento, como un resguardo contra la tormenta; como arroyos de agua en tierra seca, como la sombra de un peñasco en el desierto." (Isaías 32:2) Estas escenas de la naturaleza describen a un hombre en autoridad. El primer propósito de un hombre con autoridad es proteger. Será un refugio y un resguardo; aquellos que están bajo él encontrarán seguridad. Ya que existe la maldad en el mundo, un hombre en autoridad se levanta y enfrenta el viento y la tormenta. La autoridad es dada para proteger a aquellos que están bajo ella.

Como "....arroyos de agua en tierra seca," la autoridad da vida. Sea en el hogar o en la iglesia aquellos en autoridad deben ser como un arroyo que fluye sobre tierra seca, trayendo vida a todo lo que toca. Esta vida es una calidad de autoridad esencial. Si no da vida, entonces la autoridad se ha degenerado a ser un espíritu de control cuya meta principal es mantener el control sobre otros. Con el control viene la manipulación, la intimidación, la exaltación y el aislamiento. Mientras que la autoridad trabaja a través del amor, el espíritu de control trabaja a través del rechazo. Generalmente el control es basado en la actuación en la aceptación, en ser perfeccionista en sus demandas y legalista en su posición. Muy pocas veces es complacido, conduce en vez de guiar; se basa en lo negativo en vez de desarrollar lo positivo; corta en vez de edificar; no se entrega a discipular; no nutre; no existe un vínculo; no tiene un corazón de padre. Esta perversión de autoridad ha entrado al hogar y a la iglesia, contristando al Espíritu y trayendo muerte. " Ahora bien... donde está el Espíritu del Señor, allí hay libertad." (2 Corintios 3:17), y a donde hay libertad, hay vida. Cada hombre en autoridad debe ser "un espíritu que da vida." (1 Corintios 15:45).

Como "... la sombra de un peñasco en el desierto," la autoridad da descanso. El carácter del hombre justo es vivir en paz. "El producto de la justicia será la paz; tranquilidad y seguridad perpetuas serán su fruto. Mi pueblo habitará en un lugar de paz, en moradas seguras, en serenos lugares de reposo." (Isaías 32:17, 18). Cuando la autoridad de Dios ha establecido el orden de la justicia, la paz entrará en el hogar. Sin el ejercicio de autoridad, la confusión, el desorden y la disensión llenarán el hogar. El descanso viene a aquellos que se someten a la autoridad. Un hombre justo será como una gran roca, dando descanso a aquellos que habitan bajo él.

Un hombre justo enseña e instruye a aquellos bajo su autoridad. Este impartimiento de la verdad y sabiduría abre los ojos de los ciegos y los oídos del sordo. "No se nublarán los ojos de los que ven; prestarán atención los oídos de los que oyen. La mente impulsiva comprenderá y entenderá, la lengua tartamuda hablará con fluidez y claridad." (Isaías 32:3, 4). Aquí uno descubre el maravilloso poder de la verdad. Hasta que uno aprende la verdad, los ojos y los oídos permanecen cerrados, la mente está desenfrenada sobre la tierra, la insensatez sale de la boca. Por la falta de instrucción en la justicia, "el necio profiere necedades, y su mente maquina iniquidad; practica la impiedad, y habla

falsedades contra el Señor..." (v. 6). Una persona sin instrucción llega a ser un canalla "...que recure a artimañas malignas; y trama designios infames; destruye a los pobres con mentiras...." (v. 7). Cuando los tontos y los canallas se levantan en lugares de autoridad, las personas sufren, "pero el noble, por el contrario, concibe nobles planes, y en sus nobles acciones se afirma." (v. 8). Así es el carácter del justo. El hombre justo saca hijos justos que establecerán la justicia en la tierra.

CAPITULO NUEVE

Dios el Padre

Algo extraño sucedió en la última parte del siglo veinte: la mujer rechazó la imagen de Dios de Padre. El surgimiento fuerte del feminismo ha atentado revivir al espíritu de la antigua diosa. El feminismo declara que el patriarcado es responsable de toda la tecnología de muerte. Más aún declara que nuestra cultura es artificial predicha por el silencio de la experiencia de la mujer, sobre la educación de la muerte del alma, el substituto de poder por el amor en los matrimonios y familias y por todas las atrocidades en la historia cometidas por el odio hacia la mujer. Los feministas intentan destruir el lenguaje y la ideología de una sociedad patriarca y protegen el poder primero del espíritu de la mujer y la consciencia femenina. Su meta final es el reclamo de la energía femenina y el avivamiento de esta diosa antigua. Ellos muestran a una mujer centrada en sí misma en el cosmos basada en el principio de la divinidad femenina inminente, en mujer y en naturaleza. Los feministas identifican la tradición judeo-cristiana como el primer agente de opresión y profanación de la chispa divina del ser femenino. Los feministas sostienen que el sistema judeo-cristiano legitimaza el poder masculino absoluto y reemplaza el culto de matriarcado de la Gran Diosa. Ellos han proclamado la guerra sobre el patriarcado y han determinado cambiar la imagen de Dios como Padre.

La lucha con la imagen de Dios como Padre se centra alrededor de la autoridad. Para algunos, visualizar a Dios sentado en un trono trae una respuesta de consternación a Su ser trino, arbitrario y despótico. Para ellos la autoridad es contraria al ejercicio de la libre voluntad, sujetándose a absolutos de otro mundo. Prefieren ser libres para ejercitar su voluntad a través de un proceso de razonamiento en vez de someterse a leyes predeterminadas de justicia. En el asunto de la autoridad, las filosofías del relativismo y humanismo permiten al hombre la libertad que prefiere. El hombre desea hacer sus propias reglas en vez de humillarse ante Dios. Como uno puede ver, el espíritu de la era es contrario a una imagen de Dios que está sentado en un trono. El trono que simboliza Su autoridad y poder llega a ser un obstáculo para el hombre natural el cuál no se ha humillado. ¿Qué hay acerca del lector? ¿Te molesta la imagen de Dios sentado en un trono? ¿Quién es esta entidad que incorpora la autoridad y el poder en Su Persona? Quizás has batallado con estas preguntas al tratar con tus propias experiencias con la autoridad.

El orden de la justicia descansa sobre la autoridad y el gobierno de Dios. Sea el orden de la vida en el universo o el orden de la justicia en la sociedad, el orden sale de Su autoridad que simboliza Su trono. Como se extienda Su autoridad, la justicia sale y por Su autoridad la justicia es establecida. ¿Porqué Dios se sienta en un trono? Dios se sienta en un trono para establecer el orden de Su justicia. "La

CAPITULO NUEVE – Dios el Padre

justicia y el derecho son el fundamento de tu trono...." (Salmo 89:14) La justicia sale de Su autoridad, la autoridad sale de Su justicia. Uno no las puede separar. ¡Dios se sienta en un trono porque El es justo! Dios lo hará bien, pues la justicia es Su carácter. Por Su justicia, el hombre puede confiar en El.

El amor acompaña Su autoridad. Definiremos estas dos cualidades de Su paternidad juntas. "La justicia y el derecho son el fundamento de tu trono, y tus heraldos, el amor y la verdad." (Salmo 89:14). El amor es tanto su naturaleza como la justicia es su carácter. El amor habla de alguien a quien le importa, escucha, ayuda, da de sí mismo, tiene compasión y es tocado por el sufrimiento de otros. El amor es una disposición que se extiende hacia otros sin límites; sin tomar en cuenta el costo, por el tiempo en el que se necesite, suplirá la necesidad. El amor incorpora el significado de palabras como: gracia, misericordia y lealtad. Accesible y dispuesto, en mansedumbre y amabilidad, mantiene su presencia en fidelidad. El amor revela el corazón de padre de Dios. Completa esta Escritura: "El amor y la verdad se encontrarán. Se besarán la paz y la justicia." (Salmo 85:10). El amor sale de Su trono a aquellos que se conformen a Su justicia. ¡Dios es bueno!

Habiendo visto el corazón del Padre, ¿podrá alguien rehusar a aceptarlo? "A pesar de todo, Señor, tú eres nuestro Padre; nosotros somos el barro, y tú el alfarero. Todos somos obra de tu mano." (Isaías

64:8). La formación de los hijos de Dios viene del corazón del Padre y de la autoridad del Padre. El balance y la obra de ambos conforman a uno a Su imagen y carácter. El Padre se sienten en el trono. La obra de la justicia toma lugar en la persona a través de la sumisión al Padre. Los títulos nuestro Padre y Alfarero revelan dos papeles de Dios en relación con el hombre. Dios es el Padre, Dios es el Alfarero. Una formación de justicia toma lugar bajo Su autoridad como Padre, como el barro en las manos del alfarero. El moldear y el proceso de hacer son la obra de Su Paternidad. ¿Podrá haber algo menos que una respuesta de obediencia de aquellos que lo reconocen como Padre? Han sido como el barro en las manos del Alfarero. Habiendo experimentado Su formación declaran: ¡Dios es bueno! ¡Dios es justo!

El Espíritu de Hijo

"Y ustedes no recibieron un espíritu que de nuevo los esclavice al miedo, sino el Espíritu que los adopta como hijos y les permite clamar: '¡Abba! ¡Padre!'." (Romanos 8:15). ¿Cuál es el clamor de tu corazón? ¿Has conocido alguna vez el amor de un padre? ¿Te has sometido alguna vez a la autoridad de un padre? Quizás solo tienes temor y desconfianza, o probablemente resistencia y rebelión. Muchos viven bajo el espíritu de esclavitud porque jamás han conocido el corazón de un padre. Puedes tener coraje, puedes pelear, puedes intentar destruir la imagen del Padre en los cielos, pero dentro de una mujer existen

CAPITULO NUEVE – Dios el Padre

necesidades profundas, un deseo de ser vinculada con el corazón del padre. El aislamiento de los corazones de los padres ha traído una generación de hijas que rehúsan ser vinculadas con Dios o con el hombre.

La imagen de Dios como Padre es formada por tu padre natural. Lo que fue tu padre, lo proyectas en pensamiento, actitudes y comportamiento hacia el Padre celestial. Las experiencias en forma negativa dejan impresiones duraderas que te aislan como persona. Si tu padre era aislado y frío, tenderás a ser igual. Si tu padre estaba demasiado ocupado para preocuparse, así también un cierto rechazo estará dentro de ti. Quizás fue muy pasivo y no se involucraba en la vida, una actitud de 'no me importa' puede penetrarte. El perfeccionismo de un padre y el rechazo pueden llenar a un niño de condenación y auto-rechazo. Si tu padre era enojón y violento, el temor y el dolor pueden estar muy dentro de ti. Todo tipo de dolor, rechazo y aislamiento que vinieron del padre puede traer reacciones hacia Dios que son muy fuertes. Tus sentimientos hacia el Padre celestial generalmente reflejan lo que está dentro de ti.

Una imagen positiva de Dios como Padre se forma por padres que son fieles, generosos, amorosos, amables, que afirman, aceptan, son atentos, accesibles, justos y perdonadores. La fidelidad dice, "estaré contigo; puedes contar conmigo." La generosidad dice, "Supliré tus necesidades; eres importante para mí." El amor dice, "Te acepto, eres mío por siempre." El ser atento dice, "A mi me importa; te estoy escuchando." La justicia dice, "Lo haré bien; puedes confiar en mí." El carácter y la persona del padre terrenal comunica estos mensajes y crea una imagen positiva para el Padre celestial. La respuesta inmediata de cualquier niño hacia la imagen de su padre debería ser, "!Abba! ¡Papi!"

Dios el Padre quiere hijos en vez de esclavos. Aquellos que no han conocido el corazón del padre tienden a tomar una mentalidad de esclavitud. En el mundo durante el tiempo de Cristo, un hogar romano tenía dos tipos de personas: el esclavo y el hijo. El esclavo existía para suplir las necesidades del hogar. Lo que él hiciera determinaba su valor. La obediencia a los mandatos y reglas eran la base de su relación con la cabeza del hogar. También estaba el hijo; se relacionaba con la cabeza del hogar en una forma muy diferente. Compara los dos. Mientras que el énfasis con el esclavo estaba sobre lo que él hacía, con el hijo el énfasis estaba sobre lo que él podía ser. La valía del esclavo dependía sobre su servicio; la valía del hijo venía desde el nacimiento. La posición del esclavo dependía sobre una respuesta propia a la autoridad, llegaba por medio de reglas y mandatos; el hijo se relacionaba con la autoridad a través del amor del padre. El hijo tenía acceso y libertad en la casa; no tenía que vivir en temor. En la corrección existía la ternura de un padre; el padre no esperaba que fuera perfecto. El padre sería paciente mientras fuera madurando. El corazón del padre le daba lo mejor y

CAPITULO NUEVE – Dios el Padre

lo preparaba para ser heredero de la casa. La relación estaba construida sobre el amor y no sobre la ley.

Lo que fracasó en lo natural puede ser creado en lo espiritual. Dios está llamando a Sus hijos a ser hijos. "Pues Dios no nos ha dado un espíritu de timidez, sino de poder, de amor y de dominio propio." (2 Timoteo 1:7).

Los hijos de Dios experimentan la libertad del temor, timidez y la cobardía de esclavos. Conocen a su Padre, El es la Cabeza del hogar. Los herederos de la casa no deben temer a los esclavos. Llenos de valentía, llenos de fe, tienen altas expectativas y esperanza para el futuro. Los hijos de la casa tienen las provisiones del hogar; más que todo, tienen el corazón del Padre.

Para los hijos hay poder. Los hombres les darán responsabilidades y ellos se sostendrán firmes y enfrentarán la tarea sin temor. El poder llega a través de ser hijos. Una capacidad divina llega con el llamado; son hijos de destino. Listos y capaces, irán hacia adelante con confianza. "Cuando te llamé, me respondiste; me infundiste ánimo y renovaste mis fuerzas." (Salmo 138:3). Nada será imposible; ninguna montaña se levantará delante de ellos. Cuando clamen, "...No será por la fuerza ni por ningún poder sino por el Espíritu..." (Zacarías 4:6, 7). En alianza santa con el Padre, vinculados y libres, los hijos de la casa salen al mundo. El Padre se glorificará en Sus hijos.

Para los hijos existe el amor. Desde un sentido de valía ellos expresan amor sin temor. El Padre ha roto el aislamiento que ellos han sufrido; El los ha vinculado con El mismo. Sin más aislamiento ni temor, ahora se unen con otros hombres. Ciertamente integran la oración del Hijo de Dios, "...(Padre hazlos) uno, así como Nosotros somos uno" (Juan 17:22). Libres de aislamiento, se vinculan como uno para ser testigos a todo el mundo que Jesucristo ha venido. Estos llegan a ser los ministros de reconciliación; pronuncian las buenas nuevas de la salvación. Tocan corazones vacíos y solitarios; los errantes, los actores, los desordenados, todos responden al toque del amor. Nada entra más profundamente, nada penetra los desiertos del aislamiento más que el amor. Llenos de Su amor, los hijos de la casa salen al mundo.

Para los hijos existe el juicio sano. Confiados en tomar sanas decisiones, escogen la voluntad del Padre. Sin temor al fracaso, confiados en el Padre, sacan a la luz el Reino de Dios sobre la tierra.. Pues aquellos "...que conozcan a su Dios, se le opondrán con firmeza." (Daniel 11:32). Libres de la pasividad, buscan la voluntad del Padre en los cielos y llegan a ser instrumentos de esa voluntad en la tierra. La oposición y las circunstancias opuestas no los mueven; sus mentes están convencidas, están sostenidos en la disciplina de la fe. "... Destruimos argumentos y toda altivez que se levanta contra el conocimiento de Dios, y llevamos cautivo todo pensamiento para que se someta a

CAPITULO NUEVE – Dios el Padre

Cristo." (2 Corintios 10:5), son hijos con mentes sanas. Estos verdaderamente han encontrado la libertad; avanzan por el mundo proclamando que el Reino de Dios ha venido.

Sin Aislamiento

El corazón del Padre es sin aislamiento. "...Dios estaba reconciliando al mundo consigo mismo..." (2 Corintios 5:19). ¡El ama al pecador! El corazón del Padre es claramente revelado en la parábola del hijo pródigo (Lucas 15:11-32). Primero, el padre libera a su hijo dándole su herencia. Aunque el joven se va de la casa, el corazón del padre se va con él. Nadie sabe cuánto tiempo esperó, pero diariamente se paraba en la puerta mirando hacia el camino para ver, quizás una figura conocida caminando por el camino. Muchas veces su corazón debió de haber palpitado con expectativa al ver alguna persona solitaria caminando por ahí. Una y otra vez fue decepcionado.

Mientras tanto el hijo se la estaba pasando muy bien gastándose la herencia de su padre. Tomó y comió, bailó y cantó, entretuvo a muchos amigos hasta que un día el dinero se le terminó. Se encontraba solo sin amigos y sin dinero. A nadie pereció importarle que tenía hambre. No tenía lugar a donde dormir, su ropa estaba sucia y vieja. Había pasado a ser un limosnero. Quizás pensó en su padre algunas veces, pero estaba demasiado avergonzado para regresar a casa. Finalmente, encontró un trabajo cuidando cerdos. Hambriento, sin hogar, sin un solo amigo en el mundo, vivía con los cerdos. Nadie habría considerado a esta persona como digna del amor de alguien. Pero había un padre que seguía esperando. Un día este joven tomó una decisión; regresaría a su padre y le pediría que lo hiciera como uno de sus siervos. No buscaba ser hijo; quería ser solo un sirviente. Aún a una distancia lejana el padre lo reconoció--¡este era su hijo! Corrió a encontrarle y lo abrazó. El hijo estaba avergonzado; estaba sucio, en harapos, con barba, oliendo a cerdo--¿cómo alguien podía aguantar estar cerca de él? El corazón del padre no vio la mugre olió la peste; el corazón del padre trató de alcanzar el corazón de su hijo. Sin dudarlo lo abrazó; con gran gozo lo recibió, no como esclavo sino como hijo. Este es el corazón de Dios como Padre.

CAPITULO DIEZ

Como una Zarza en el Desierto

Las zarzas crecen en el desierto. Estos pequeños crecimientos de vegetación se empujan a través del suelo caliente, seco y duro. Sin suficiente apoyo de la naturaleza para crecer alto con troncos y ramas extendidas, permanecen pequeños sin troncos, las ramas crecen de las raíces. Atados por siempre a la superficie del suelo caliente, la zarza desafía a la naturaleza para sobrevivir. Es un tipo de vida muy humillante que no tiene admiradores. Achaparrada, arañada, dura y seca nadie quiere acercarse. Sin ser útil para el hombre, la zarza continúa creciendo, sin producir fruto alguno para comer, ni madera para construir. Vive en un ambiente sin cultivar y sin habitar. Aislada, solitaria a penas sobreviviendo, la zarza tipifica a la persona que vive en aislamiento. La Escritura describe a esta persona, " Será como una zarza en el desierto: no se dará cuenta cuando llegue el bien. Morará en la sequedad del desierto, en tierras de sal, donde nadie habita." (Jeremías 17:6).

"Creció en su presencia como vástago tierno, como raíz de tierra seca. No había en él belleza ni majestad alguna; su aspecto no era atractivo y nada en su apariencia lo hacía deseable." (Isaías 53:2). ¿Quién es este que aparece de la tierra seca? ¿Quién es este cuya forma no es impresionante ni majestuosa; cuya apariencia es sin belleza para ser deseable? ¿Qué no es este el Mesías, el Hijo de

Dios? ¿Ha salido de la tierra el Hijo de Dios como una zarza en el desierto?

El no fue una zarza, pero creció a donde las zarzas crecían. Un tipo de planta diferente, El era un vástago tierno, que salía de un suelo seco. Desde el principio Su vida estuvo en peligro, tan vulnerable, desamparado. Nacido en un establo, proclamado como el Mesías por un ángel, fue inmediatamente perseguido por un rey malvado que trató de tomar Su vida. Creció en una carpintería en pueblo aislado que la nación despreciaba. Después de seguir Su profesión, dejó la carpintería y fue al desierto para conocer a un hombre llamado "Juan el Bautista." Después del bautismo de Jesús, el Espíritu lo guió al desierto por cuarenta días. Ahí en completo aislamiento, Jesús conoció al tentador quién llegó con preguntas viejas que cualquier hombre en aislamiento ha enfrentado "¿Quién eres? ¿Por qué estás aquí?" El origen y la identidad y el destino y el propósito, estas son cosas del desierto. Quizás era solo un errante en la tierra de Nod que no conoce quien es o a dónde va. Es tan fácil para el hombre perderse a sí mismo en el aislamiento. Enfrentó el dolor de cualquier errante desde los tiempos de Caín. ¿Será su vida la de un sobreviviente o será una vida de destino?

Las tentaciones llegaron de un lugar caliente y desértico (Mateo 4:1-11). Nadie estaba cerca para ayudarlo; es una tierra sin habitantes. Como la zarza en el desierto, permaneció solo "Si eres el Hijo de Dios, ¡come!" le dijo una voz. "¡morirás en este

CAPITULO DIEZ – Como una Zarza en el Desierto

desierto!" El tentador tenía razón: un hombre podía morir en el desierto. Refrenándose a sí mismo, se sostuvo resistiendo la tentación para salvarse. "Si tu eres el hijo de Dios, ¡tírate¡" la voz volvió a hablar. "Muéstrale al mundo quién eres; ¡actúa para ellos!" ¿Sabía realmente quién era? ¿Tenía que probárselo a sí mismo y al mundo? Internamente resolvió esa pregunta de una vez por todas; no importa lo que otros piensen o digan, El era el Hijo de Dios, y no tomaría las cosas en Sus propias manos probando al Padre. "Si te postraras y me adoraras, ¡los reinos de este mundo serán tuyos!" la voz le dijo. Aquí estaba Su oportunidad; ahora podía construir Su propio reino y vivir para El mismo. Seguramente el Padre entendería y algún día haría la voluntad del Padre, sin embargo… ¡no, no, no! ¡No podía hacerlo! Rehusó edificar Su propio reino y salvarse a Sí mismo; ahí mismo lo arregló. Su propósito y destino serían hacer la voluntad del Padre aunque tuviera que entregar Su vida. Rompió la tentación del desorden; ¡El fue libre!

No era una zarza, pero el mundo lo consideraría una zarza, ya que fue "Despreciado y rechazado por los hombres, varón de dolores, hecho para el sufrimiento. Todos evitaban mirarlo; fue despreciado, y no lo estimamos." (Isaías 53:3). El dolor del rechazo estaba en El. Entendió las palabras de Job, "Habían sido excluidos de la comunidad, acusados a gritos como ladrones." (Job 30:5). Experimento la soledad de los valles de muerte. Podía identificarse con aquellos que moran entre los arbustos; pues El mismo dijo, "…Las zorras tienen madrigueras y las aves tienen nidos... pero el Hijo del hombre no tiene dónde recostar la cabeza." (Mateo 8:20). Conocía el dolor de aquellos moradores. Algunos lo llamaban "Varón de Dolores." El mismo clamó toda la noche, solo. Conocía el dolor del rechazo; conocía lo que debía ser despreciado, para que el hombre lo considerara sin ningún valor. Conocía lo que era enfrentarse al aislamiento y al rechazo.

El rechazo era tan intenso en un tiempo que clamó, "Pero yo, gusano soy y no hombre; la gente se burla de mí, el pueblo me desprecia. Cuantos me ven, se ríen de mí; lanzan insultos, meneando la cabeza. Este confía en el Señor, ¡pues que el Señor lo ponga a salvo! Ya que en él se deleita, ¡que sea él quien lo libre! (Salmo 22:6-8).Levantado en medio de ellos, sin embargo solo; no hubo nadie que lo pudiera consolar. Sufrió en aislamiento. ¿Quién puede conocer la profundidad del dolor más que el hombre quién sufrió solo? En todos sentidos experimentó el aislamiento del hombre. ¿Cuánto menos se puede considerar un hombre que se ve a sí mismo como un gusano? Estas palabras reflejan la escoria de la gente; ellos lo consideraban sin valía. Sin embargo no aguantó para El mismo los reproches del hombre; "Ciertamente él cargó con nuestras enfermedades y soportó nuestros dolores..." (Isaías 53:4). Recibió nuestra enfermedad, cargó nuestros dolores; entró en aislamiento.

Aquél que experimentó el aislamiento del rechazo, ¿era un errante? No, Jesús no vivió en aislamiento; vivió entre los hombres. No tenía miedo de tocar y de ser tocado; reunió a Sus discípulos a Su alrededor. Comieron y durmieron con El, caminaron con El y oraron con El; fue abierto y transparente delante de los hombres. No defendió su reputación; los que tenían mala reputación venían a El y El los recibió; aún los pecadores se acercaban a El sin temor. Las multitudes venían y El les enseñaba y los tocaba; sanaba a los enfermos, los bendecía; derramaba su vida por ellos. No vivió para El mismo; el temor y la inseguridad no lo cegaron. Sabía quien era y porqué estaba aquí. Tenía propósito, destino, caminaba como el Hijo de Dios. Su valía no dependía de lo que hacía. No era un errante, ni tampoco un actor. Movido solo por la compasión, jamás actuó ante el hombre. Estaba unido con el Padre, vivía para hacer la voluntad del Padre. Había unido Su corazón al del Padre; había sometido Su voluntad a El; no tenía que tener el control. Era libre para hacer la voluntad del Padre.

La Hostilidad

"¡Crucifíquenlo! ¡Crucifíquenlo!" Las palabras salieron fuertes y claras de los corazones de la gente. Esas palabras expresaron todo el odio y la hostilidad desde el tiempo de Caín. Todo el enojo del hombre sacando la ira y la hostilidad salieron como una tormenta sobre el Hijo de Dios. Desde lo más profundo del corazón las disensiones, conflictos y divisiones surgieron como un torrente de muchas aguas para destruir a Aquél que estaba delante de ellos. Un fuerte espíritu religioso y sectario no podía resistir la oportunidad de golpear al Hijo se Dios. Los espíritus violentos entraron; la gente no desistiría hasta que hubieran derramado Su sangre sobre el suelo. Esas palabras, ¡Crucifíquenlo! expresaban la hostilidad de todos los hombres desde Caín a través del tiempo. Aquél en cuyo nacimiento los ángeles anunciaron "¡Paz en la tierra!" no encontró paz alguna entre los hombres.

El aislamiento del hombre cayó sobre El "...sobre él recayó el castigo, precio de nuestra paz, y gracias a sus heridas fuimos sanados." (Isaías 53:5). La expresión completa de la hostilidad del hombre cayó sobre El y habiéndola recibido pudo traer paz a través de Su cruz. Como lo pone la versión de la Biblia Amplificada, "...El castigo (necesario) de la paz... sobre El..." El profeta profetizó, "¡El traerá la paz!..." (Miqueas 5:5). "...haciendo la paz mediante la sangre que derramó en la cruz." (Colosenses 1:20), El derribó los muros de aislamiento que separaban al hombre de Dios y al hombre del hombre. La reconciliación con Dios trae reconciliación con los hombres. Ahora un cuerpo y un Espíritu hacen a todo hombre uno en Cristo. El llegó a ser el cumplimiento de Su oración, "Padre, que sean uno."

La paz confrontó a la hostilidad del hombre y la venció a través del perdón. "¡Padre, perdónalos!" (Lucas 23:34), fueron las palabras habladas desde la cruz. Esas palabras hicieron morir toda la hostilidad del hombre. No avanzaría; ahí en la cruz la hostilidad fue ventilada completamente y murió. Entonces Isaías podía decir, "...por sus heridas fuimos sanados..." (Isaías 53:5). Su sangre derramada sobre el suelo "...que habla con más fuerza que la de Abel." (Hebreos 12:24). Mientras que la sangre de Abel clamaba "¡Venganza!" la sangre de Jesús clamaba "¡Paz! ¡Paz!" "En otro tiempo ustedes, por su actitud y sus malas acciones, estaban alejados de Dios y eran sus enemigos. Pero ahora Dios, a fin de presentarlos santos, intachables e irreprochables delante de él, los ha reconciliado en el cuerpo mortal de Cristo mediante su muerte." (Colosenses 1:21, 22). Su muerte venció la hostilidad del hombre.

El Aislamiento

Por fin la muerte del aislamiento recayó sobre el Hijo de Dios. Las últimas palabras de la cruz, "...Dios mío, Dios mío, ¿por qué me has desamparado?" (Marcos 15:34), encuentran al Hijo de Dios experimentando la separación del Padre. Esta separación llegó a revés del orden del aislamiento que experimenta el hombre. Ha terminado de cargar el aislamiento del hombre. Para Aquel que siempre había vivido en unión con el Padre, el experimentar por primera vez el aislamiento del Padre, le causó un dolor más fuerte del que cualquier hombre pudiera conocer. En la profundidad del sufrimiento enfrentando la muerte, Jesús experimentó el alejamiento del amor del Padre. La oscuridad de una eternidad sin Dios cayó sobre El. Aún la tierra se obscureció al medio día cuando experimentó la desesperación del hombre separado de Dios.

El fue traspasado por nuestras transgresiones, fue molido por nuestras iniquidades;…El Señor quiso quebrantarlo y hacerlo sufrir;… El ofreció su vida en expiación… El derramó su vida hasta la muerte, y fue contado entre los transgresores; sin embargo cargó con el pecado de muchos, e intercedió por los pecadores. Isaías 53:5, 10, 12. El Padre puso sobre El toda la oscuridad del pecado del hombre. Aquél que había vivido sin mancha ahora la experimentaba. Su alma fue quebrantada con el peso del pecado del hombre. ¡Murió como un pecador!

Fue colgado en un árbol desnudo y expuesto al mundo. La maldición del pecado del hombre fue sobre El, "…Porque cualquiera que es colgado de un árbol está bajo la maldición de Dios…" (Deuteronomio 21:23). Ahora Dios había puesto la vergüenza y la culpa que vino al hombre en el Jardín sobre Aquél que no tenía pecado. No había nada que cubriera Su desnudes, ni siquiera un delantal con hojas de higuera. La culpa y la vergüenza que cada pecador ha llevado, fue traída delante de todo el mundo. Sin tener ningún lugar a donde esconderse, sin nada que lo cubriera, el Hijo del Hombre llevaba la culpa. La conducta de esconderse y cubrirse a uno mismo no fue encontrada en el Hijo de Dios durante todos los días de Su vida, ni se escondió en la muerte. Fue

CAPITULO DIEZ – Como una Zarza en el Desierto

transparente ante el hombre y Dios. Sin culpa ni vergüenza, fue libre del temor. La gente podía acercarse; todos lo podían mirar. El hizo el camino para que todo hombre fuera libre de sus hojas de higuera. Levantó la vergüenza y la culpa del hombre. Bendito es el hombre que puede decir, "...Pues él me vistió con ropa de salvación y me cubrió con el manto de la justicia..." (Isaías 61:10).

El Hijo de Dios experimentó el aislamiento del hombre. Hasta la última gota que tomó del cáliz hasta que no quedara nada. Ahora aquellos que beban del mismo cáliz encuentran sanidad, liberación y salvación. Escucha las palabras de Jesús:

El Espíritu del Señor omnipotente está sobre mi,
Por cuanto me ha ungido
Para anunciar buenas nuevas a los pobres.
Me ha enviado a sanar a los corazones heridos,
A proclamar liberación a los cautivos
Y libertad a los prisioneros,
A pregonar el año del favor del Señor
Y el día de la venganza de nuestro Dios,
A consolar a todos los que están de duelo,
Y a confortar a los dolientes de Sión.
Me ha enviado a darles una corona en vez de cenizas, Aceite de alegría en vez de luto,
Traje de fiesta en vez de espíritu de desaliento.
Serán llamados robles de justicia,
Plantío del Señor, para mostrar su gloria.
                Isaías 61:1-3

Guía de Estudio y Discusión

APLICACION PRACTICA

Capítulo Uno: Una Sociedad en Problemas

1) **Aislamiento Cultural.** "El problema de la desesperación es un fenómeno del siglo veinte. La gente ha llegado al aislamiento dentro de su propia cultura" (Página 10).

   a) ¿Qué ha causado este sentido de desesperación en nuestra cultura?

   b) ¿Tiendes a la desesperación? Describe algunas de las batallas que experimentas.

   c) Ora y pídele a Dios que te muestre la raíz de este problema.

2) **Estructuras de Sobre vivencia.** Todas las estructuras de sobre vivencia se han deteriorado en nuestra sociedad…Básicamente existen tres subestructuras en la sociedad: la familia, la iglesia y el gobierno civil. Estas tres proveen una cobertura de protección en donde la vida crece" (Página 4111).

   a) Describe tu punto de vista de las estructuras de sobre vivencia de la sociedad. ¿Las ves intactas y funcionando?

b) ¿Has experimentado alguna relación familiar rota? ¿Cómo es que te ha afectado?

c) ¿Experimentas la convivencia con y sin la iglesia? ¿Cómo describes tus relaciones? ¿Te sientes vinculado con otros o estás aislado como persona?

d) ¿Te sientes seguro o inseguro en el sistema de gobierno de tu nación? ¿Cuáles son las preocupaciones más grandes? ¿Tienes esperanza?

e) ¿Has construido muros de aislamiento a tu alrededor?

f) ¿Tiene la vida significado y propósito para ti?

g) Nota: Estas preguntas exponen dolor y temor. Por favor, no te detengas en este punto. Permite que Dios libere una nueva vida en ti. Hay esperanza; hay sanidad.

3) **Como una Zarza en el Desierto.** Por favor lee Jeremías 17:5-8.

   a) Observa la portada de este libro y describe lo que ves.

   b) ¿En qué forma se compara tu con una zarza en el desierto?

c) ¿Crees que Dios puede hacer de ti un árbol plantado junto a aguas?

d) Compara una zarza con un árbol. ¿Cuál es la diferencia entre las dos?

Nota: En los siguientes capítulos encontrarás principios de verdad que te liberarán. Nunca es tarde. Cree en Dios para un nuevo comienzo.

Olviden las cosas de antaño;
ya no vivan en el pasado.
!Voy a hacer algo nuevo!
Ya está sucediendo,
¿no se dan cuenta?
Estoy abriendo un camino en el desierto,
y ríos en los lugares desolados.
Isaías 43:18-19

Capítulo Dos: Culpa, Vergüenza y Temor

1) **Escondiéndose y Cubriéndose.** "El día que el hombre transgredió y quebrantó el pacto con Dios, pasó a ser una criatura que se escondía y se cubría" (Página 18). Lee Génesis 3:7-10.

   a) ¿Cuáles son los problemas básicos que el hombre presenta en el versículo 10?

   b) ¿Cómo describirías la culpa y la vergüenza?

   c) ¿Cómo ves al temor trabajando con la culpa y la vergüenza?

2) **Un Proceso Mental de Culpa.** Siguiendo los patrones del primer hombre que puso la culpa sobre la mujer, el hombre todavía trata de mantenerse inocente a través de la negación y echando la culpa" (Página 18). Describe tres formas en las que el hombre procesa la culpa:

   a)

   b)

   c)

3) **La Entrada de la Maldad.** La culpa es más que un problema mental y psicológico. Tiene raíces espirituales. Involucra el problema de la maldad" (Página 20).

a) ¿Qué hace la maldad cuando entra en el alma del hombre?

b) ¿De dónde viene la vergüenza?

c) Discute la vergüenza en relación a la maldad. Describe el sentido de desnudez que sale de la maldad.

4) **Tratando con la Desnudez.** "El hombre en su intento de tratar con la culpa toma una decisión, o se cubre con una cobertura religiosa o acepta la desnudez como algo normal (Página 21).

a) ¿Cómo reconoce uno la cobertura religiosa? Discute la cobertura de la hoja de higuera.

b) ¿Cuál es la respuesta de Dios hacia la culpa y la vergüenza?

c) ¿Qué tipo de cobertura has utilizado para esconder la culpa y la vergüenza?

5) **Aplicación Personal para la Mujer:** Quizás estás batallando con ataduras de temor y lujuria. Cuando la maldad es expresada en tiempos de inocencia, el temor y la culpa pueden evitar que tengas libertad en una relación matrimonial. Las ataduras del temor y perversión pueden ser rotas. ¿Cómo fue que el Señor limpio la suciedad de las hijas de Sión? Las limpio "...Con el espíritu de juicio y espíritu abrasador.." (Isaías 4:4). El Espíritu Santo es un fuego que limpia

toda mancha. "...El los bautizará con el Espíritu Santo y con fuego." (Mateo 3:11). Dios por Su Espíritu es capaz de liberarte del temor y la culpa. Aquello que el hombre manchó, Dios lo puede limpiar. ¡Puedes ser limpia!

GUIA DE ESTUDIO Y DISCUSION

Capítulo Tres: Hostilidad

1) **Sin Paz.** "Desde el tiempo de la caída, la hostilidad como un comportamiento básico ha dominado la historia del hombre. El conflicto y la división, el enojo y el odio, la conquista y la reprensión describen este comportamiento. ¿Por qué no ha podido vivir en paz? (Página 28).

   a) ¿Da dos razones principales por las que no ha habido paz en la historia del hombre?

   b) Discute estos dos problemas dentro de la sociedad hoy en día.

   c) Comparte tus propias batallas en estas dos áreas.

   d) ¿Cómo es que las obras de la carne descritas en Gálatas 5:20 entran en este problema?

2) **Sin Unión.** "El hombre tiene una necesidad básica de comunidad. Ya sea por la necesidad de seguridad o por unidad, el hombre no fue creado para vivir solo.. la hermandad es una necesidad básica dentro del hombre porque Dios lo creó a Su propia imagen. Dentro de Dios no existe el aislamiento (Página 31).

   a) Discute la Trinidad de Dios con respecto a la unidad y al aislamiento.

b) ¿Cuáles son los dos principios que obran la vida y la muerte en el hombre?

c) ¿Cómo sabemos que hemos pasado de la muerte a la vida? Lee 1 Juan 3:11-14.

d) ¿Crees que la oración de Jesús será contestada hoy entre los hombres? Lee Juan 17:21-23

Capítulo Cuatro: Amargura y Falta de Perdón

1) **El Hombre Separado del Hombre.** El dolor que es suprimido saldrá en formas destructivas: enojo y hostilidad, culpa y crítica, rebelión y violencia. El tiempo no hace que desaparezca. (Página 36).

   a) Explica porqué el aislamiento causa un dolor profundo en el hombre.

   b) Lista las relaciones en donde el aislamiento ha vencido. ¿Cómo describirías el dolor que salió en estas relaciones?

2) **El Dolor Interno.** "El dolor interno puede crear una condición de tristeza y depresión, temor y aislamiento, auto-castigo y suicidio, adicciones y conductas adictivas crónicas. (Página 36).

   a) ¿Has experimentado el dolor? Describe la causa.

   b) ¿Qué efecto ha tenido sobre ti?

3) **Abandonado por Dios.** "El dolor crece profundamente cuando uno siente que Dios lo ha abandonado. Muchas batallas existen con la pregunta, ¿A dónde está Dios cuando duele? (Página 37).

   a) ¿Has batallado con la pregunta anterior?

b) ¿Qué pérdidas o desilusiones en la vida has pasado que te han causado amargarte contra de Dios?

c) ¿Crees que Dios es el autor de la maldad?

Nota: La obra de la maldad hace tres cosas:
i) Distorsiona la imagen de Dios.
ii) Destruye la fe en Dios.
iii) Separa al hombre de Dios.

4) **Amargura.** "De un espíritu herido sale una conducta destructiva. ¿Qué hay más destructivo que la amargura? La amargura es una raíz que crece profundamente dentro del alma, y cuyo fruto es la muerte. Es el cáncer del alma..." (Página 39).

a) Describe la amargura como una raíz que crece dentro del alma. Lee Hebreos 12:12-15.

b) ¿Cuáles son las consecuencias de la amargura?

c) Explica cómo trabaja la amargura dentro de las emociones

d) ¿Puedes observar si existen patrones de amargura en tu vida? Describe estos patrones.

5) **Perdón.** "El perdón es la clave para liberar el dolor y recibir la sanidad. Un principio del Reino es encontrado en Lucas 6:37, "…perdona y serás perdonado" (Página 40).

a) ¿Hace el tiempo que el dolor desaparezca?

b) ¿Cómo te enseñan las Escrituras a soltar el dolor?

c) ¿Qué es el perdón? Lee Mateo 18:21-35.

d) ¿Cuáles son los principios del Reino con respecto al perdón? Lee Mateo 6:12, 14, 15.

Nota: El perdón básicamente significa quitarle a otro la deuda. Perdonar significa perdonar la deuda. Esto viene como un acto de la voluntad y no como una liberación de las emociones. Escoges perdonar, los sentimientos vienen después. Tres cosas se deben recordar:
i) El perdón es una elección, no un sentimiento.
ii) El perdón escoge amar y no odiar.
iii) Al perdonar uno libera a la persona y cancela la deuda.

Nota: El perdón libera a Dios.
i) El perdón libera el perdón de Dios hacia ti. Lee Mateo 6:14, 15; Marcos 11:23-25.

AISLAMIENTO: Tratando con el Problema Básico del Hombre

     ii) El perdón libera el perdón de Dios hacia otros.
Lee Mateo 18:18
     iii) El perdón libera la sanidad de Dios para ti.
Lee Lucas 6:37.

Aplicación Práctica: Lista a las personas que necesitas perdonar. Sé específico con lo que necesitas liberar. Conforme liberas a otros, tu mismo serás liberado.

GUIA DE ESTUDIO Y DISCUSION

Capítulo Cinco: Aislamiento

1) **Hermandad Rechazada.** "Cuando Caín rechazó la hermandad, paso a ser un errante y vagabundo en la tierra. No pudo tener descanso pues vivía en la tierra de Nod, una tierra inquieta." (Página 42).

   a) ¿Cuáles son las dos cosas que confrontan al hombre en su aislamiento?

   b) Cuando Caín clamó, "¡Mi dolor es demasiado grande para soportarlo!", ¿qué es lo que experimentó?

   c) ¿Cuáles son las tres cosas que el hombre pierde cuando rechaza la hermandad?

   d) ¿Qué tan vitales son estas tres cosas en la vida del hombre?

2) **El Hombre Separado de Sí Mismo.** "Uno llega a ver los resultados espantosos del aislamiento. En el aislamiento el hombre pierde la perspectiva. El hombre no se encuentra a sí mismo buscando dentro de él mismo; tampoco encuentra propósito viviendo para él mismo. Cuando el hombre ya no ve el rostro de Dios, el hombre pierde toda perspectiva. (Página 45).

   a) ¿Cuál es la línea que separa al hombre del resto de los animales en el mundo?

b) ¿Cuáles son las dos preguntas que el hombre hace cuando busca lo único y lo que tiene propósito?

c) Puedes ver en la historia del hombre una progresión ascendente o una espiral ascendente?

3) **Los Errantes de los Tiempo Modernos.** "Job describe una generación que vive en aislamiento. El escenario de unas personas viviendo en el desierto describe la condición emocional y espiritual de una generación aislada de sí misma. (Página 46).

a) Lee Job 30:5-8 y describe la generación que vio Job.

b) Compara esta condición con nuestros días.

4) **Conducta Adictiva.** "El aislamiento es el problema número uno en esta sociedad. La destrucción de la familia y la falta de hermandad en la comunidad ha dejado a una generación viviendo en un vacío de necesidades emocionales. Sin unidad, sin vínculo, viven un vacío y un espacio. Sin propósito y significado en la vida…Esta generación ha perdido su camino; ha nacido en una cultura adictiva." (Página 48).

a) ¿Cuáles son las raíces de la cultura que produce una conducta adictiva?

b) ¿Cuáles son las necesidades básicas del adicto?

Nota: La rehabilitación completa del adicto abarca dos etapas: primero abstenerse de la compulsión; y segundo tratar con los problemas que causan las compulsiones.

c) Para liberar la gracia en su vida, debe llegar al punto de la verdad y la honestidad. El patrón de la negación debe ser quebrantado. Debe llegar a enfrentarse a sí mismo tal y como él es, y debe enfrentar a Dios con toda su culpa y vergüenza. Este es el punto en donde la gracia es liberada y la adicción es quebrantada. Este es el punto de la justicia.

d) Para poder experimentar unidad, debe entregar el control de su vida. La adicción representa un intento de tomar el control sobre la vida de uno. Soltar el control significa que uno somete su voluntad y une su corazón al de Dios. Sin esta acción uno no tendrá unidad con Dios que es necesaria para llegar el vacío y encontrar el propósito. La cuestión de la rebelión y el desorden deben ser confrontados

e) Para ser sano, debe tocar el dolor en su vida. El dolor no se va con la negación. El dolor puede ser soltado tomando tres pasos:

AISLAMIENTO: Tratando con el Problema Básico del Hombre

i) Romper con la negación y la reprensión enfrentando el dolor.
ii) Compartir el dolor con Dios en oración. Clámalo y grítalo.
iii) Compartir el dolor con otros.
iv) Recuerda que la paz viene a través de la reconciliación. Perdona y toma la responsabilidad por tus acciones.

GUIA DE ESTUDIO Y DISCUSION

Capítulo Seis: El Ejecutante

1) **La Búsqueda por el Significado.** "Una cultura llena de aislamiento dará prioridad a la actuación y al éxito. El hombre comenzará una búsqueda por el significado." (Página 57)

   a) ¿Permaneció Caín en aislamiento? Lee Génesis 4:16-17.

   b) ¿Cuáles son los dos comportamientos extremos que salen del aislamiento?

   c) ¿Conoces a personas que encajan en estas dos categorías?

   d) ¿Cómo has sido afectado por el aislamiento y la soledad?

2) **El Reino del Yo.** "El éxito significa auto-valía, significado y propósito en la vida. Lo que tome, pondrá todo su esfuerzo para alcanzar sus metas. Así que entra a un patrón de actuación que producirá todas las cosas que desea. Lo que sale es el reino del yo." (Pagina 58).

   a) ¿Puedes describir el reino del yo?

   b) ¿Puedes describir al hombre que es conducido por la actuación?

3) **Un Ídolo del Corazón.** "Dentro del hombre sale un cierto orgullo que lo aísla aún más. Ha construido una imagen para él mismo de su actuación. El éxito ha creado una imagen de valía. Dedica toda su vida a crear y mantener esta imagen." (Página 59).

   a) ¿Qué tipo de imagen se construye el hombre de sí mismo desde su actuación?

   b) ¿Considerarías esta imagen como un ídolo del corazón? Lee Ezequiel 14:3.

   c) ¿Cómo describirías a esta persona en el trabajo?

   d) ¿Cómo describirías a esta persona en el hogar? ¿Los hijos? ¿La esposa?

   e) Discute las relaciones familiares construidas al rededor de la actuación.

4) **Conducta Adictiva.** "La insistencia del ejecutante para superarse lo llevará a una conducta adictiva." (Página 62). Utilizando las mismas necesidades básicas del adicto, discute las necesidades del ejecutante.

   a) La necesidad de suspender el tiempo.

   b) La necesidad de ser invencible.

   c) La necesidad de ser inmortal.

5) **El Ejecutante Como una Máquina.** "La pregunta básica que todo hombre se hace a sí mismo es, '¿puedo producir lo suficiente para ser exitoso?' En una sociedad a donde el aislamiento prevalece, el enfoque de atención se le dará al éxito y a la actuación. El éxito llega a ser el propósito de la vida. En el proceso el hombre se convierte en una máquina cuyo único propósito es producir." (Página 64).

a) ¿Cuál es el propósito de una máquina?

b) ¿Qué le sucede a las máquinas cuando ya no pueden producir?

c) ¿Cómo puede el hombre moderno ser productivo y útil sin convertirse en una máquina?

d) ¿Qué es lo que realmente da propósito y valor a la vida?

e) Discute las palabras de Jesús, "El que guarda su vida para sí mismo la perderá, pero el que da su vida la encontrará. " (Mateo 10:39, parafraseada).

GUIA DE ESTUDIO Y DISCUSION

Capítulo Siete: Desorden

1) **El Enigma de Esta Era.** "Este declive es el enigma de esta era. El hombre no ha aprendido a gobernarse a sí mismo porque todavía está viviendo en desorden como individuo...El aislamiento rechazará la autoridad, rehusará los límites y se entregará al desorden." (Página 68).

   a) ¿Ha podido el hombre resolver el problema de la sociedad con su gran desarrollo tecnológico?

   b) ¿Cuáles son los dos problemas que acompañan el desarrollo de la sociedad de Caín?

   c) ¿Cómo describirías una sociedad humanista?

   d) ¿Qué paralelo puedes observar entre nuestra sociedad y la sociedad de Caín?

2) **El Aislamiento del Corazón de Padre.** Un fenómeno del Siglo Veinte es el aislamiento del corazón del padre hacia sus hijos. En ningún otro tiempo en la historia encontramos la unión entre el padre y sus hijos tan destruida como en esta cultura." (Página 70).

   a) ¿Qué es lo que ha causado que en nuestra sociedad el corazón del padre se haya alejado de sus hijos?

b) ¿Cuál piensas que es la maldición que fue profetizada en Malaquitas? Lee Malaquitas 4:5, 6.

c) Describe el efecto dentro de la sociedad de:

   i) Violencia
   ii) Locura
   iii) Hedonismo

3) **La Naturaleza de la Rebelión.** "...la rebelión dentro del alma humana aisla al hombre de Dios y al hombre del hombre. Uno observa la naturaleza o la obra de la rebelión interna en tres maneras: rehúsa doblegar su voluntad, rehúsa dar su corazón y rehúsa soltar el control." (Página 72).

   a) ¿Cómo describirías a una persona con una voluntad doblegada?

   b) Cuando uno es incapaz de entregar el corazón, ¿cómo afecta esto a su relación con Dios? ¿Con otros? Lee Mateo 15:8, 9.

   c) ¿Tiene que ver el control con Dios? ¿Cómo afecta a la relación de uno con Dios?

   d) ¿Has batallado con las áreas anteriores? Comparte las experiencias que han traído liberación.

e) ¿Has encontrado paz y descanso en tu vida? Discute la vida del malvado en Isaías 57:20, 21.

4) **Una Declaración de Independencia.** Muchas adicciones esclavizan al hombre cuando hace la declaración de independencia. El punto clave es: cuando uno rechaza la autoridad, el cuerpo gobierna al hombre." (Página 75).

   a) ¿Cuáles son las áreas de lujuria a las que estás esclavizado?

   b) ¿Rechazaste la autoridad de tu padre?

   c) ¿Te has sometido a alguna autoridad?

Nota: Un tiempo de arrepentimiento permite que la gracia de Dios penetre a estas áreas de lujuria. Mientras más profundo sea el arrepentimiento, a ese nivel llegará la gracia. Sin la gracia de Dios no puede haber libertad. El arrepentimiento libera la intervención de la gracia de Dios.

Nota: Al tratar con otros problemas que salen de la rebelión, existe un orden de justicia que trae orden a la vida de uno. Es el orden de la justicia que saca la vida y la sostiene. Sé un buscador de Su Reino y Su justicia (Mateo 6:33).

GUIA DE ESTUDIO Y DISCUSION

Capítulo Ocho: Un Hombre Justo

1) **Un Hombre Justo con un Corazón de Padre.**
   "Noé fue un padre con un corazón de padre. Ningún aislamiento lo separó de sus hijos. Tenían su corazón y él tenía el corazón de ellos. Estuvieron firmes juntos en un tiempo crítico; estaban unidos porque sus corazones estaban vinculados." (Página 80).

   a) ¿Cuál es la primera clave para hacer entrar a los hijos al arca?

   b) Describe hijos que jamás han tenido el corazón de su padre. ¿Qué hace que ellos se conformen a su cultura y a sus amigos?

   c) ¿Por qué fueron los hijos de Noé hombres fuertes?

   d) ¿Cuál es el regalo más valioso que un padre pueda darle a sus hijos e hijas?

2) **Un Hombre Justo con la Autoridad de un Padre.** "Una función esencial de autoridad es la formación del carácter. A través de la imposición de la disciplina, formamos el carácter. La disciplina es un proceso de entrenamiento que desarrolla el dominio propio, la resistencia y un buen comportamiento." (Página 82).

   a) ¿Cuál es la segunda clave para hacer entrar a los hijos al arca?

b) ¿Qué es formado bajo la autoridad de un padre?

c) Compara la formación del barro en las manos del alfarero a la formación de la autoridad de un padre.

d) Discute la obra de la autoridad a través de la disciplina, resistencia y obediencia. ¿Existe la formación del carácter sin autoridad?

e) Lista las características del carácter que son esenciales para la justicia. ¿Cómo formarías cada una de éstas en tus hijos?

3) **La Función de la Autoridad.** "Un padre tendría que ser…'como un refugio contra el viento, como un resguardo contra la tormenta; como arroyos de agua en tierra seca, como la sombra de un peñasco en el desierto." (Isaías 32:2)

a) Lee Isaías 32:1-7, describe a un hombre justo.

b) Lista y discute los propósitos de la autoridad.

c) Describe hijos que no se han sometido a la disciplina de aprendizaje. Lee los versículos 3-5.

d) ¿Cuál es el resultado cuando la justicia es formada en los hijos? Lee el versículo 17.

GUIA DE ESTUDIO Y DISCUSION

e) ¿Qué tipo de hogar tendrás cuando el orden de la justicia es establecido? Lee el versículo 18.

GUIA DE ESTUDIO Y DISCUSION

Capítulo Nueve: Dios el Padre

1) **Sentado en el Trono.** "La lucha con la imagen de Dios como Padre se centra alrededor de la autoridad. Para algunos, visualizar a Dios sentado en un trono trae una respuesta de consternación a Su ser trino, arbitrario y despótico. Para ellos la autoridad es contraria al ejercicio de la libre voluntad, sujetándose a absolutos de otro mundo." (Página 88).

   a) ¿Por qué se sienta Dios en el trono?

   b) ¿Qué acompaña Su autoridad en el trono? Lee el Salmo 89:14.

   c) ¿Cómo describen los títulos "nuestro Padre...nuestro Alfarero" la relación de Dios con sus hijos? Lee Isaías 64:8.

2) **Un Espíritu de Hijo o un espíritu de Esclavitud.** "¿Cuál es el clamor de tu corazón? ¿Has conocido alguna vez el amor de un padre? ¿Te has sometido alguna vez a la autoridad de un padre? Quizás solo tienes temor y desconfianza, o probablemente resistencia y rebelión. Muchos viven bajo el espíritu de esclavitud porque jamás han conocido el corazón de un padre." (Página 90).

   a) ¿Cómo contestarías la pregunta anterior?

   b) ¿Cómo describirías la relación con tu padre?

c) ¿Cómo listarías cualidades positivas de una imagen de padre?

d) ¿Cómo compararías a un esclavo y a un hijo? ¿Qué factores hacen la relación diferente?

e) Describe tres cualidades de hijo en 2 Timoteo 1:7.

3) **Sin Aislamiento.** "El corazón del Padre es sin aislamiento." (Página 95).

a) ¿Qué significa para ti la parábola del hijo pródigo?

b) Discute el corazón del Padre revelado en esta parábola.

GUIA DE ESTUDIO Y DISCUSION

Capítulo Diez: Como una Zarza en el Desierto

1) **Como una Zarza en el Desierto.** ""Creció en su presencia como vástago tierno, como raíz de tierra seca. No había en él belleza ni majestad alguna; su aspecto no era atractivo y nada en su apariencia lo hacía deseable." (Isaías 53:2).

   a) ¿Quién es este que aparece de la tierra seca?

   b) ¿Quién es este cuya forma no es impresionante ni majestuosa; cuya apariencia es sin belleza para ser deseable?

   c) ¿Fue Jesús una zarza? ¿Por qué fue plantado a donde sólo las zarzas crecen?

   d) Describe la condición en la que Jesús llegó a este mundo.

2) **El Dolor del Rechazo.** "Despreciado y rechazado por los hombres, varón de dolores, hecho para el sufrimiento. Todos evitaban mirarlo; fue despreciado, y no lo estimamos." (Isaías 53:3). El dolor del rechazo estaba en El. (Página 100).

   a) ¿Sabía Jesús lo que significaba ser despreciado, que el hombre lo consideraba sin valor alguno? Explica

b) ¿Cómo se sintió Jesús cuando la gente se burlaba de él? Lee el Salmo 22:6-8.

c) ¿Era Jesús una persona aislada?

d) ¿Por qué fue rechazado si todo lo que hizo fue bueno? Lee Isaías 54:4.

e) ¿Cuáles son los rechazos en tu vida que cargó Jesús?

3) **Hostilidad.** "¡Crucifíquenlo! ¡Crucifíquenlo!" Las palabras salieron fuertes y claras de los corazones de la gente. Esas palabras expresaron todo el odio y la hostilidad desde el tiempo de Caín.." (Página 101).

   a) ¿Cómo explicarías la hostilidad del hombre hacia Jesús?

   b) ¿Había hostilidad en Jesús hacia los hombres?

   c) ¿Qué hostilidad en tu vida fue puesta sobre El?

   d) ¿Cómo fue que Jesús confrontó la hostilidad del hombre? ¿Qué palabras utilizó que quebrantaron la hostilidad del hombre?

4) **Aislamiento.** "Por fin la muerte del aislamiento recayó sobre el Hijo de Dios. Las últimas palabras de la cruz, '...Dios mío, Dios mío, ¿por

qué me has desamparado?'), encuentran al Hijo de Dios experimentando la separación del Padre." (Página 103).

a) ¿Perdió Jesús la unidad con el Padre?

b) ¿Qué fue puesto sobre El que rompió esta unidad?

c) ¿Qué pecado, culpa y vergüenza de tu vida fueron puestos sobre El?

d) ¿Estás cargando aún con culpa y vergüenza? Lee 2 Corintios 7:1.

Nota: Discute Isaías 53, y compáralo con Isaías 61:1-3. Permite que el ministerio y la obra de estos capítulos salgan en tu vida.

www.ingramcontent.com/pod-product-compliance
Lightning Source LLC
Chambersburg PA
CBHW071512040426
42444CB00008B/1613